TRACY MARKS

DIE KUNST DER HOROSKOP-SYNTHESE

W0086658

Tracy Marks

DIE KUNST DER
HOROSKOP-SYNTHESE

Deutsche Erstveröffentlichung
Hamburg 1993

Die Originalausgabe erschien 1986 bei
CRCS Publications, P.O. Box 1460
Sebastopol, CA 955473, U.S.A.
© 1979/86 by Tracy Marks

© der deutschsprachigen Ausgabe Verlag Hier & Jetzt
2. Auflage 1994
Alle Rechte vorbehalten

Übersetzung: Renate Vincenz, Norderstedt
Lektorat: Rolf Schanzenbach, Hamburg
Herausgeber: Wolfgang Bartolain, Hamburg
Satz: Verlag Hier & Jetzt, Hamburg
Umschlag: Uli Breyer, Hamburg
Druck: Fuldaer Verlagsanstalt, Fulda

Titelbild: Ein Ausschnitt aus dem Bild *Der Hierophant*
gemalt von Margarete Petersen

Inhalt

TEIL 3
DER PROZEß DER ASTROLOGISCHEN
BERATUNG UND INTERPRETATION

Einführung

Wenn wir bei der Interpretation eines Horoskops die Bedeutung der einzelnen Planeten, Zeichen, Häuser und Aspekte erfaßt haben, kommen wir oft an den Punkt, an dem wir uns fragen, was denn nun von übergeordneter Wichtigkeit ist und wie wir das Bild in seiner Gesamtheit verstehen können. Die Vielzahl der Informationen stellt sich uns dann gewissermaßen wie ein undurchdringlicher Dschungel dar – wir haben Schwierigkeiten, auf den Pfad zu gelangen, der uns die zentrale Bedeutung und den eigentlichen Zweck des Horoskops erkennen läßt. Als erstes gilt es, mit jeder einzelnen Facette des Horoskops vertraut zu werden; die Interpretation der Details muß auf automatische Weise erfolgen. Aber statt uns dann im Gewirr der vielen sich gegenseitig beeinflussenden Variablen zu verirren, müssen wir uns in bewußter Anstrengung auf die auffälligsten Eigenschaften sowie auf das Gesamtmuster des Horoskops konzentrieren. In der Erschaffung dieser Synthese liegt die *Kunst* der Horoskop-Deutung. Am Anfang meinen wir oft, *jeden* Planeten und *jeden* Aspekt, *jedes* Zeichen und *jedes* Haus berücksichtigen zu müssen – aus der Angst heraus, etwas Wichtiges zu vergessen oder kein vollständiges Bild der Kräfte zu geben, die zum Zeitpunkt der Geburt wirksam waren. Wenn wir aber *alles* einbeziehen, sagen wir eigentlich *nichts* aus. Die Vielzahl der unbedeutenden Einzelheiten kann am Schluß dazu führen, daß allen Beteiligten die Köpfe rauchen und alles doch nur im Vagen bleibt.

Manche interpretieren das Horoskop Haus für Haus, beim Aszendenten beginnend, gegen den Uhrzeigersinn, bis sie einmal herum sind. Andere wiederum fangen mit der Sonne an und betrachten dann die anderen Planeten – den Mond, den Merkur, die Venus usw. Wieder andere versuchen das Chaos dadurch zu ordnen, daß sie den wichtigsten Lebensbereichen besondere Aufmerksamkeit schenken (zum Beispiel der Liebe, der Arbeit, dem Heim und der Familie etc.) und alle Planeten, Zeichen und Häuser daraufhin interpretieren.

Diese Deutungssysteme mögen bei einigen Astrologen und Klienten funktionieren. Es fehlt ihnen aber an einem Grundelement, das für eine aussagefähige Deutung unbedingt erforderlich ist: dem Erkennen der zentralen Bedeutung sowie der Faktoren, die von herausragender Wichtigkeit sind. Ohne eine derartige Orientierung werden die zentralen Themen des Horoskops in der Fülle der Informationen oftmals nicht erkannt. In diesem Fall hat der Mensch, der sich beraten läßt, nichts, worauf er sich stützen könnte – nichts, was ihm hilft, die erhaltenen Informationen zu einem sinnvollen Ganzen zusammenzufügen. Er wird dann das meiste sogleich vergessen. Wenn du in deiner Beratung *alles miteinbeziehst*, heißt das nicht, daß dein Gegenüber *alles aufnehmen* wird. Wahrscheinlich dürfte er sich überwältigt und verwirrt fühlen und sich seiner Identität und Ziele unklarer sein als zuvor.

Wenn dein Gegenüber durch die Beratung ein klareres inneres Bild seiner selbst erhalten soll, mußt du bei der Interpretation um Qualität anstelle von Quantität bestrebt sein und mehr in die Tiefe als in die Breite gehen. Das innere Bild sollte sowohl die vorhandenen Stärken und Begabungen als auch die Schwächen und Konflikte enthalten. Letztere können zu Stärken werden, wenn das Verlangen nach Transformation vorhanden ist. Für die Beratung gilt: Wenn wir uns etwa eine Stunde lang mit den herausragenden Charakteristiken des Horoskops beschäftigt haben, können wir immer noch einige der unbedeutenderen Merkmale in Betracht ziehen – einen bestimmten Lebensbereich, der dem Klienten besonders am Herzen liegt (meistens Liebe oder Arbeit), oder auch Fragen besprechen, die während der ersten Interpretation nicht behandelt wurden.

Stell dir ein Farb-Rad vor! Wie klar die Farben erscheinen, wenn sie einzeln betrachtet werden! Drehst du jedoch das Rad und beobachtest es, während die Geschwindigkeit zunimmt, dann verschwimmen die Farben. Bei sehr hoher Geschwindigkeit siehst du nur noch Weiß. Nur wenn das Rad stillsteht und du die einzelnen Grundfarben für sich allein betrachtest, kannst du die jeweilige Schattierung und Färbung in ihrer ganzen Tiefe erleben und würdigen. – So ähnlich ist es beim Horoskop: Nur dann, wenn wir unser Augenmerk auf die fünf bis zehn wichtigsten Merkmale beschränken – und diese eingehend studieren, interpretieren und zueinander in Beziehung setzen –, erhalten wir ein klares Bild des Geburtshoroskops, das wir anderen vermitteln können. Nur dann werden wir nicht in dem Dschungel der verschiedensten Informationen zu Planeten, Zeichen und Häusern steckenbleiben.

Denk jetzt an einen Zeitungsartikel! Ein Reporter präsentiert die Einzelheiten seines Berichtes gemäß ihrer Wichtigkeit. Zuerst kommt die wichtigste Information und dann die zweitwichtigste. Die am wenigsten wichtige Meldung wird an den Schluß gestellt – damit sie weggelassen werden kann, falls zu wenig Platz ist. Der Leser kann den Artikel anlesen und dabei erkennen, worauf dieser hinausläuft. Im weiteren wird das, was in den ersten Sätzen gesagt wurde, mit Einzelheiten ergänzt. Dabei ist alles auf den zentralen Punkt bezogen, der die Details in eine Struktur und einen Zusammenhang bringt.

Wenn wir eine in sich geschlossene und klar verständliche Auslegung geben wollen, können wir vom Zeitungsartikel lernen. Wir müssen entscheiden, was im Horoskop *am wichtigsten* und was *am wenigsten wichtig* ist. Wir müssen die Fähigkeit entwickeln, uns auf die grundlegenden Dinge zu konzentrieren. Das Unwesentliche ist erst dann zu behandeln, wenn das Wesentliche – so klar und vollständig wie nur möglich – besprochen ist. Im Gegensatz zum Reporter führen wir allerdings einen *Dialog*. Wir können uns also vergewissern, daß der Mensch, den wir beraten, wirklich versteht, was wir sagen. Dazu müssen wir jede Facette des Horoskops, die wir für wichtig halten, so tiefgründig wie nur möglich unter Zuhilfenahme unseres gesamten astrologischen und nicht-astrologischen Wissens erklären. Dabei ist es notwendig, daß wir unserem Gegenüber zuhören und ihm Zeit geben, unsere Aussagen mit seinem Leben in Verbindung zu bringen. So kann der Mensch, den wir beraten, das Gesagte auf seine Weise aufnehmen und verarbeiten.

Dieses Buch handelt in erster Linie davon, wie die *wichtigsten* Merkmale des Horoskops zu interpretieren sind. Es ist kein alles behandelndes Nachschlagewerk zur Horoskop-Interpretation. Es erläutert nicht, welche Bedeutung die Aspekte oder die Planeten in den verschiedenen Zeichen und Häusern haben, und es geht nicht in aller Ausführlichkeit auf Aspekt-Muster, Planeten am Aszendenten oder am MC oder auf die Mondphasen ein – um nur einige der möglichen Themen zu nennen. Ich werde an einigen Stellen auf astrologische Bücher verweisen, die das jeweilige Thema in aller Tiefe behandeln.

Der Zweck dieses Buches liegt darin, eine Methode zu präsentieren, die es erlaubt, die einzelnen Horoskop-Faktoren in eine Synthese zueinander zu bringen. Diese Vorgehensweise basiert auf einem Schema – beziehungsweise auf einem Arbeitsbogen-, mit dessen Hilfe du die grundlegenden Merkmale eines Horoskops bestimmen kannst. Wenn wir damit beginnen, Horoskope zu interpretieren, kann uns nur eine methodische Vorgehensweise dabei helfen, in dem vermeintlichen Chaos Ordnung beziehungsweise die wichtigsten Merkmale sowie die Persönlichkeit eines Menschen zu erkennen. Wenn du den hier vorgestellten Arbeitsbogen fünf- oder sechsmal angewendet hast, wird der Prozeß des Zusammenfassens und der Synthese rasch und automatisch vor sich gehen. Du wirst es dann nicht mehr nötig haben, auf das Formular zurückzugreifen.

Worum geht es bei diesem Arbeitsbogen? Im Grunde handelt es sich um eine Auflistung, mit der wir bei der ersten Untersuchung des Horoskops charakteristische Merkmale erkennen können. Dabei habe ich manches unberücksichtigt gelassen, was andere Astrologen als bedeutsam ansehen. Einige traditionelle und moderne Techniken habe ich betont; andere, welche die ihnen entgegengebrachte Aufmerksamkeit meiner Meinung nach nicht wert sind, werden nicht vorgestellt. Wie dem auch sei – der Arbeitsbogen ermöglicht es, die 15 oder 20 wichtigsten Merkmale des Horoskops zu erkennen, die wir dann noch einmal auf die Zahl von fünf bis acht reduzieren, um zu dem wirklich Herausragenden zu kommen. Wir können uns auf eine Horoskop-Interpretation am besten vorbereiten, indem wir den Arbeitsbogen ausfüllen und anschließend 20 oder 30 Minuten lang über die Themen nachdenken, die wir als charakteristisch erkannt haben. Wenn du dir dabei Notizen machst, kann dir das helfen, dir über das Horoskop klarzuwerden und den Klienten verständlich zu beraten.

In zweiten Teil dieses Buches finden sich fünf Horoskope berühmter Menschen, die wir benutzen können, um die Horoskop-Synthese zu praktizieren. Du kannst dir dabei Gedanken zur Identität der Personen machen – die Horoskope sind ohne Namen abgedruckt. In dem darauffolgenden Abschnitt wird das Geheimnis gelüftet und erläutert, was die Haupt-Merkmale der Horoskope sind. Daneben wird auch eine Muster-Interpretation gegeben.

12

Der dritte und letzte Teil des Buches behandelt die Probleme, die sich im Zusammenhang mit der astrologischen Beratung erheben, welche ein gewisses Verständnis für den Beratungsprozeß sowie Aufmerksamkeit für die Bedürfnisse und Gefühle der zu beratenden Person erfordert. Wenn wir Informationen nicht nur übermitteln, sondern auch sicher sein wollen, daß das Material aufgenommen und verarbeitet wird, müssen wir unser Vorgehen bei der Interpretation und der Beratung prüfen. Wir sind gefordert, unser Wissen auf eine Weise zu vermitteln, die es anderen möglich macht, davon in ihrem Wachstumsprozeß zu profitieren. Leiten sollte dich dabei der Wunsch, angesichts der Komplexität der Persönlichkeit nicht nur Fakten zu präsentieren, sondern auch bei der Umsetzung von Einsichten in die Tat zu helfen.

Wenn es überhaupt eine Regel gibt, die wir bei der Horoskop-Synthese beherzigen sollten, dann diese: Beginne die Interpretation mit den extremsten, machtvollsten und auffälligsten Merkmalen und baue alles andere darauf auf. Wenn du so vorgehst, berücksichtigst du das, was *wirklich* wichtig ist – auch wenn du vielerlei Faktoren außer acht läßt. Am Ende des Beratungsgesprächs wird dein Klient über einen oder über mehrere Punkte besser Bescheid wissen und soviel Klarheit gewonnen haben, daß er sich dieses Themas oder dieser Themen erinnern und darüber nachdenken kann. Vielleicht kommt es sogar dazu, daß er an dem damit in Verbindung stehenden Problem zu arbeiten beginnt, wodurch es zu einer Stärke umgeformt und zur Vollendung gebracht werden kann.

Allgemeines zur Horoskop-Interpretation

1.   Wir können Planeten, Zeichen, Häuser und Aspekte auf positive oder auf negative Weise interpretieren. Ob es sich um destruktive Energien handelt, die unser Glück und unsere Entwicklung behindern, oder um konstruktive, welche unser Glück und unsere Entwicklung fördern, hängt nicht von dem Geburtshoroskop ab. Entscheidend ist einzig und allein unsere Bereitschaft, uns wirklich zu erkennen und die nötigen Anstrengungen für die Transformation des Negativen in etwas Positives zu unternehmen.

Das Geburtshoroskop ist nichts Statisches oder in sich Abgeschlossenes. Wir sind unseren planetarischen Energien nicht ausgeliefert; wir können sie lenken und transformieren, indem wir – durch Meditation oder Selbstbeobachtung, durch Astrologie oder Psychologie – in uns ein Zentrum schaffen, von dem aus wir handeln, und zwar im vollen Bewußtsein aller Facetten unserer Persönlichkeit. Menschen, deren Planeten auf die unseren ausgleichend oder anregend wirken, können uns – wie Transite oder Progressionen auch – neue Möglichkeiten aufzeigen und uns helfen, das Potential unseres Horoskops zu entfalten.

2.   Ein Aspekt zwischen zwei Planeten ist ein Energie-Pfad. Ob es sich dabei um eine Konjunktion oder eine Opposition, ein Quadrat oder ein Trigon handelt – unser Leben kann dadurch vorteilhaft beeinflußt werden. Quadrate und Oppositionen bringen mehr Probleme als Trigone und Sextile – aber auch sie versorgen uns mit dem alchimistischen Brennstoff, den wir zur Transformation unseres Selbstes benötigen. Wenn wir bewußt versuchen, die Planeten eines Quadrat- oder Oppositions-Aspektes auf positive Weise zum Ausdruck zu bringen, wird es uns schließlich möglich sein, die Konflikte dieses Aspektes zu überwinden. Wir müssen jedoch dabei die Bereitschaft aufbringen, uns der negativen Manifestationsform des Aspektes zu stellen. Wenn wir dies tun und unsere Lektion lernen, werden wir diese überwinden.

3.   Wir schaffen uns unsere eigene Realität, welche unseren Überzeugungen und Erwartungen entspricht. Wenn wir von einem Planeten Unheil erwarten, wird er unheilvoll wirken. Allerdings reicht es nicht, sich von einem Planeten Wohltaten zu versprechen –wir müssen ihn auch nutzbringend *anwenden*.

Meine vielleicht wichtigste Botschaft an alle Leser dieses Buches und insbesondere an diejenigen, die mit vielen Problemen zu kämpfen haben und deren Horoskope schwierig sind: *Euer Leben liegt in eurer Hand. Eure Horoskope sind, wie eure Leben, ohne vorherbestimmtes Ende; sie beeinhalten, wie magische Kreise, die*

Möglichkeit der Transformation. Ihr habt große Potentiale in euch. Was immer ihr unternehmt, eure Erfahrungen – wie schwierig sie auch sein mögen – können eine Quelle des Wachstums, der Stärke und der Erfüllung sein. Ihr könnt eure Konflikte in Freuden und eure Quadrate in Trigone verwandeln.

Die Astrologie kann euch bei der Einstimmung auf eure innere Vision helfen. Sie vermag Wege aufzuzeigen, auf denen ihr eure Vision in konkrete Begriffe umsetzen könnt. Aber es liegt an euch – und wird immer eure Sache bleiben –, dieser Vision gemäß zu leben.

TRACY MARKS

Einige Regeln zur Horoskop-Interpretation

1. Ich ziehe das Campanus-Häusersystem dem von Koch oder Placidus vor.

2. Planeten auf den letzten drei Graden eines Hauses beeinflussen bereits das nächste Haus.

3. Verwende bei Konjunktionen, Quadraten, Oppositionen und Trigonen einen Orbis von maximal acht, bei Sextil- und Quinkunx-Aspekten von maximal vier Grad. Ist die Sonne oder der Mond am Aspekt beteiligt, sind zwei (bei Sonne/Mond-Aspekten: vier) Grad mehr zulässig. Der Orbis ist auch dann größer zu wählen, wenn die Planetenverbindung Teil eines Aspektmusters ist, wenn Planeten im Parallelschein (Deklinationsaspekt) oder in Rezeption zueinander stehen oder wenn sich beide Planeten aufeinander zu bewegen (ein Beispiel: ein Quadrat zwischen dem rückläufigen Jupiter auf 16 Grad Löwe und dem direktläufigen Merkur auf 7 Grad Stier).

4. Betrachte die Konjunktion als den stärksten Aspekt, gefolgt von der Opposition, dem Quadrat, Trigon, Sextil, Quinkunx und dem Halbquadrat.

15

5. Wähle bei Aspekten zum Aszendenten und zum MC (Medium Coeli) einen Orbis von maximal vier (bei Konjunktionen: sechs) Grad.

6. Bewerte die Elemente und Qualitäten im Rahmen einer 14-Punkte-Skala (gemäß dem Arbeitsbogen unter Abschnitt A, Punkt 1 bis 4. Ausführliche Informationen dazu in Kapitel 1). Alternativ zu diesem Schema könntest du ein System verwenden, in dem für Uranus, Neptun, Pluto und das MC jeweils ein halber Punkt gegeben wird (Summe: 12 Punkte).

7. Betrachte Saturn als den Herrscher des Zeichens Steinbock, Pluto als Herrscher von Skorpion, Mars als Herrscher von Widder und Jupiter als Herrscher des Zeichens Schütze.

8. Zeichne die Aspekte mit verschiedenen Farben in das Horoskop ein. Dadurch sind Aspektmuster besser zu erkennen. Du könntest zum Beispiel Konjunktionen lila markieren, Sextile grün, Trigone blau, Quadrate rot und Oppositionen schwarz.

9. Zeichne das Horoskop besser als offenes Rad statt als geschlossenen Kreis. Dadurch wird immer wieder deutlich, daß das Horoskop kein ein für alle Mal fixiertes Diagramm der Seele ist. Es ist offen für die Einflüsse von Transiten und Progressionen, die Einflüsse der Planeten anderer für dich wichtiger Menschen sowie für den Einfluß deines eigenen Willens.

Teil 1

Der Arbeitsbogen zur Horoskop-Interpretation und -Synthese

SYNTHESE-ARBEITSBOGEN

Eine Vorbemerkung: Im Verlaufe der ersten sechs Kapitel wird die Arbeit mit dem Arbeitsbogen ausführlich erläutert. Wenn für eine Antwort das Kriterium *besonders wichtig* erfüllt ist, mußt du diese gesondert hervorheben – vielleicht, indem du sie mit einem Markierstift anstreichst oder eine Extra-Liste anlegst. Der Arbeitsbogen an dieser Stelle dient einer ersten Information. Im Anhang findet sich ein weiterer Musterbogen. Fotokopien – auch von den anderen Arbeitsbögen des Buches – sind erlaubt.

A. Das Horoskop in seiner Gesamtheit (Seite 25 - 65)

1. Das dominierende Element
Wie viele Punkte? ....
Wenn mehr als 5 von den möglichen 14, ist das *besonders wichtig.*

2. Das schwächste Element
Wie viele Punkte? ....
Besonders wichtig, wenn es nur 1 Punkt oder weniger ist.

3. Die dominierende Qualität
Wie viele Punkte? ....
Besonders wichtig, wenn mehr als 6.

4. Die schwächste Qualität
Wie viele Punkte? ....
Besonders wichtig, wenn weniger als 2.

5. Planeten-Konfiguration ....
Wenn ein Muster hervortritt, ist das *besonders wichtig.*

6. Aspekt-Konfiguration ....
Wenn vorhanden, ist das *besonders wichtig.*

7. Die Zeichen und die Beziehung von Sonne und Mond
In welcher Phase (evtl.: Aspekt?)
stehen die beiden zueinander? ....
Wenn es sich um einen Hauptaspekt handelt, ist das *besonders wichtig*.

8. Der Aszendent und das MC
....

Das Aszendenten-Zeichen ist *besonders wichtig*.

9. Rückläufige Planeten
....

Besonders wichtig, falls es mehr als 3 oder keinen einzigen gibt.

B. Die Planeten (Seite 67 - 77)

1. Die Sonne
....

Es ist *besonders wichtig*, in welchem Zeichen und in welchem Haus sie steht.

2. Der Mond
....

Es ist *besonders wichtig*, in welchem Zeichen und in welchem Haus er steht.

3. Der Herrscher der Sonne
In welchem Zeichen und Haus steht
der Planet, der das Sonnenzeichen regiert? ....

4. Der Herrscher des Aszendenten
In welchem Zeichen und Haus steht der Planet,
der das Aszendentenzeichen beherrscht? ....

5. Planeten im eigenen Zeichen
....

Wenn vorhanden, ist das *besonders wichtig*.

6. Planeten im eigenen Haus

....

Wenn vorhanden, ist das *besonders wichtig.*

7. Planeten am Aszendenten

....

Es ist *besonders wichtig,* wenn ein Planet weniger als 2 Grad vor oder 6 Grad hinter dem Aszendenten steht.

8. Planeten am MC

....

Es ist *besonders wichtig,* wenn ein Planet weniger als 2 Grad vor oder 6 Grad hinter dem MC steht.

9. Planeten am IC

....

Ein Planet weniger als 1 Grad vor oder 2 Grad hinter dem IC ist *besonders wichtig.*

10. Planeten am Deszendenten

....

Ein Planet weniger als 1 Grad vor oder 2 Grad hinter dem Deszendenten ist *besonders wichtig.*

11. Stationäre Planeten

....

Wenn vorhanden, ist das *besonders wichtig.*

12. Endherrscher
Gibt es einen Planeten, der über
die Dominantenverkettung über
alle anderen Planeten herrscht? ....

13. Der Planet mit den meisten Aspekten
Um welchen Planeten handelt
es sich, und wieviele Aspekte
sind vorhanden? ....

14. Ein unaspektierter Planet

....

Wenn vorhanden, ist das *besonders wichtig.*

15. Planeten im Brennpunkt

....

Ein Planet, auf den ein T-Quadrat oder ein Yod gegründet ist oder der zwei Planeten-Konfigurationen miteinander verbindet, ist *besonders wichtig.*

C. Aspekte und andere Horoskop-Faktoren (Seite 79 - 90)

1. Welche Aspekt-Art herrscht vor?

....

2. Fehlt eine Aspekt-Art?

....

3. Konjunktionen
(Orbis: 3 Grad)

....

....

Orbis angeben. *Besonders wichtig,* wenn kleiner als 1,5 Grad.

4. Andere Hauptaspekte
(Orbis: 1,5 Grad)

....

....

....

Orbis angeben. *Besonders wichtig,* wenn kleiner als 1 Grad.

5. Wichtige Nebenaspekte
Notiere diejenigen,
die exakt sind.

....

....

6. Der Parallelschein

Vermerke es, wenn Aspekte durch
gleiche Deklinationen verstärkt werden. ....

7. Planeten in Rezeption

....

....

Eine Planeten-Rezeption im Horoskop ist *besonders wichtig.*

8. Die Mondknoten

....

....

Besonders wichtig: In welchen Zeichen und Häusern stehen sie?
Gibt es Hauptaspekte zu ihnen (Orbis: 2 Grad)?

D. Vorstufen der Synthese (Seite 91 - 92)

1. Welcher Planet ist betont?

....

Es ist *besonders wichtig,* wenn ein Planet häufiger als viermal erwähnt ist.

2. Welches Zeichen ist betont?

....

Es ist *besonders wichtig,* wenn ein Zeichen häufiger als viermal erwähnt ist.

3. Welches Haus ist betont?

....

Es ist *besonders wichtig,* wenn ein Haus häufiger als viermal erwähnt ist.

4. Was ist der stärkste Aspekt?

....

Besonders wichtig, falls der Orbis weniger als 0,5 Grad beträgt.

E. Andere Horoskop-Faktoren (Seite 93 - 96)

....

....

....

....

....

....

....

F. Die auffälligsten Horoskop-Merkmale (Seite 97 - 102)

1. ....

2. ....

3. ....

4. ....

5. ....

6. ....

7. ....

8. ....

Das Horoskop in seiner Gesamtheit

Abschnitt A des Arbeitsbogens

Der erste Schritt bei der Horoskop-Interpretation besteht darin, das Horoskop in seiner Gesamtheit zu betrachten – das Gesamtbild sowie die Ausgewogenheit oder Unausgewogenheit der verschiedenen astrologischen Faktoren zu bewerten.

A 1. Das dominierende Element

Wie viele Punkte?
Wenn mehr als 5 von möglichen 14, ist das *besonders wichtig.*

Widder, Löwe, Schütze	=	*Feuerzeichen*
Stier, Jungfrau, Steinbock	=	*Erdzeichen*
Zwillinge, Waage, Wassermann	=	*Luftzeichen*
Krebs, Skorpion, Fische	=	*Wasserzeichen*

Um festzustellen, welches Element in einem Horoskop vorherrscht, geben wir für jeden Planeten sowie den Aszendenten und das MC einen Punkt (der Sonne und dem Mond zwei) – insgesamt macht das also 14. Wie in der Aufstellung demonstriert, werden diese Punkte nun gemäß dem Stand der Planeten in den einzelnen Zeichen auf die Elemente Feuer, Erde, Luft und Wasser verteilt. Befindet sich ein Planet zwischen 29 Grad des einen und 0 Grad des folgenden Zeichens, so wird er von beiden beeinflußt – du mußt die Punktezahl dann durch zwei teilen.

Betrachte nun dazu unser Beispiel.

Planet		Stand	Zeichen		Feuer	Erde	Luft	Wasser
☉	(Sonne)	02°20'	♏	(Skorpion)				2
☽	(Mond)	29°53'	♉	(Stier)		1	1	
☿	(Merkur)	24°24'	♎	(Waage)			1	
♀	(Venus)	09°47'	♎	(Waage)			1	
♂	(Mars)	16°38'	♏	(Skorpion)				1
♃	(Jupiter)	29°05'	♑	(Steinbock)		½	½	
♄	(Saturn)	23°54'	♑	(Steinbock)		1		
♅	(Uranus)	29°47'	♌	(Löwe)	½	½		
♆	(Neptun)	10°44'	♏	(Skorpion)				1
♇	(Pluto)	09°31'	♍	(Jungfrau)		1		
AC	(Aszend.)	13°31'	♊	(Zwillinge)			1	
Himmelsmitte		19°27'	♒	(Wasserm.)			1	
				Punkte	½	4	5½	4

Ein ausgewogenes Horoskop weist in jedem Element drei oder vier Punkte auf. Ein Element mit fünf Punkten ist *betont*. Bei sechs oder mehr Punkten können wir von einer *starken Betonung* sprechen. Im obigen Beispiel ist mit einer Punktzahl von fünfeinhalb Luft das vorherrschende Element.

Die folgenden Schlüsselwörter können dir helfen, die Elementen-Betonung eines Horoskops zu interpretieren. Füge das Wort *sehr* hinzu, wenn ein Element fünf Punkte erreicht hat. Bei sechs Punkten oder mehr: *außerordentlich*.

Feuer

enthusiastisch	*leidenschaftlich*	*selbstbewußt*
tatkräftig	*anregend*	*unabhängig*
impulsiv	*inspirierend*	*idealistisch*
spontan	*kreativ*	*optimistisch*
ungestüm	*selbstbestimmt*	*subjektiv*

Menschen mit sechs oder mehr Punkten im Element Feuer neigen dazu, ihre Umgebung zu dominieren und von einer Sache zur nächsten zu springen. Sie verspüren den Wunsch, sich voll und ganz in das einzubringen, was sie machen. Es kann ihnen schwerfallen, andere Menschen als Individuen mit eigenen Wünschen und Bedürfnissen wahrzunehmen.

Erde	*praktisch*	*produktiv*	*geduldig*
	materialistisch	*systematisch*	*hartnäckig*
	erdverbunden	*anspruchsvoll*	*ausdauernd*
	sicherheitsbewußt	*sorgfältig*	*verläßlich*
	realistisch	*ordentlich*	*solide*

Menschen mit sechs oder mehr Punkten im Element Erde beschäftigen sich bis ins Detail mit dem Konkreten und Greifbaren. Ihre Arbeit ist zumeist auf das Sinnlich-Erfahrbare bezogen. Der Mensch mit einer Erd-Betonung handelt im Einklang mit seiner unmittelbaren Umgebung und seinem physischen Körper. Er schätzt die Behaglichkeit und die sinnlichen Freuden.

Luft	*intellektuell*	*beobachtend*	*unentschlossen*
	neugierig	*objektiv*	*mitteilsam*
	abstrakt	*unvoreingenommen*	*kommunikativ*
	synthetisierend	*unrealistisch*	*kooperativ*

Menschen mit sechs oder mehr Punkten im Element Luft leben gewissermaßen im Kopf. Sie möchten ihre Gedanken mit anderen teilen und sind rastlos auf der Suche nach Wissen. Oft wirken sie etwas distanziert. In Gesellschaft oder im Gespräch blühen sie jedoch auf.

Wasser	*launenhaft*	*empfänglich*	*anteilnehmend*
	sensibel	*abhängig*	*überströmend*
	verletzlich	*fürsorglich*	*intuitiv*
	sentimental	*beschützend*	*phantasievoll*
	intensiv	*geheimnisvoll*	*passiv*

Menschen mit sechs oder mehr Punkten im Element Wasser verlieren sich oft in ihren Gefühlen oder in den Gefühlen anderer und haben Schwierigkeiten, sich abzugrenzen. Manchmal ziehen sie sich aufgrund ihrer außerordentlichen Sensibilität in die Einsamkeit zurück. Oftmals bestehen mediale Begabungen. Der Mensch mit einer Wasser-Betonung reagiert mit großer innerer Anteilnahme auf die Bedürfnisse von anderen.

A 2. Das schwächste Element

Wie viele Punkte?
Besonders wichtig, **wenn es nur 1 Punkt oder weniger ist.**

Wenn ein Element mit nur einem oder gar keinem Punkt vertreten ist oder alle Punkte nur von äußeren Planeten stammen, dürfte es dem Horoskopträger an den Eigenschaften dieses Elementes mangeln. Bei zwei Punkten ist von einem *leichten* Mangel auszugehen. Manchmal kann ein derartiger Mangel durch andere Horoskop-Faktoren zumindest zum Teil kompensiert werden.

Kompensationsmöglichkeiten bei 0 oder 1 Punkt im Element Feuer

— *Mars* in einem Feuerzeichen (insbesondere im Zeichen Widder)
— *Mars* in herausragender Stellung (in Konjunktion mit einem Eckpunkt, als Planet im Brennpunkt eines T-Quadrats oder am Griff der «Schöpfkelle» – siehe A 5.)
— *Mars* in einem Feuer-Haus (in manchen Fällen sogar als Herrscher eines Feuer-Hauses – insbesondere des 1.)
— *Mars* in Konjunktion mit der Sonne, dem Mond oder dem Jupiter
— *Jupiter* im Zeichen Schütze
— eine Betonung der *kardinalen Zeichen*

Kompensationsmöglichkeiten bei 0 oder 1 Punkt im Element *Erde*

— *Saturn* in einem Erdzeichen (insbesondere im Zeichen Steinbock)
— *Saturn* in herausragender Stellung (in Konjunktion mit einem Eckpunkt, als Planet im Brennpunkt eines T-Quadrats oder am Griff der «Schöpfkelle»)
— *Saturn* in einem Erd-Haus (in manchen Fällen sogar als Herrscher eines Erd-Hauses – insbesondere des 10.)
— *Saturn* in Konjunktion mit der Sonne, Merkur oder Mars
— *Merkur* in der Jungfrau
— *Venus* im Stier
— eine Betonung der *fixen Zeichen.*

Kompensationsmöglichkeiten bei 0 oder 1 Punkt im Element *Luft*

— *Merkur* in einem Luftzeichen (insbesondere im Zeichen Zwillinge)
— *Merkur* in herausragender Stellung (in Konjunktion mit einem Eckpunkt, als Planet im Brennpunkt eines T-Quadrats oder am Griff der «Schöpfkelle»)
— *Merkur* in einem Luft-Haus (manchmal sogar als Herrscher eines Luft-Hauses – insbesondere des 3.)
— *Merkur* in der Jungfrau
— *Merkur* in Konjunktion mit Sonne, Uranus oder Venus
— *Venus* in der Waage
— eine Betonung der *veränderlichen Zeichen.*

Kompensationsmöglichkeiten bei 0 oder 1 Punkt im Element *Wasser*

— *Mond* in einem Wasser-Haus (manchmal sogar als Herrscher eines Wasser-Hauses – insbesondere des 4.)
— *Mond* in herausragender Stellung (in Konjunktion mit einem Eckpunkt des Horoskops, als Planet im Brennpunkt eines T-Quadrats oder als Griff der «Schöpfkelle»)
— *Mond* in Konjunktion mit der Sonne, Neptun oder Pluto
— eine Betonung der *veränderlichen Zeichen.*

Diese Kompensationsmöglichkeiten sind zu berücksichtigen, wenn ein Element im Horoskop nicht oder nur sehr schwach vertreten ist. Die Kompensation ist dabei kein Ersatz – sie bedeutet den Wunsch, das betreffende Element zum Ausdruck zu bringen, ohne die entsprechenden Anlagen zu haben. Im allgemeinen sind sich Menschen, bei denen ein Element nur sehr schwach ausgeprägt ist, dieses Mangels bewußt und bemüht, ihn zu überwinden. Dabei können ihre Kompensationsversuche den Eindruck erwecken, als sei das betreffende Element in ihrem Horoskop besonders stark. Weil diese Menschen den dringenden Wunsch verspüren, diese Art von Energie zum Ausdruck zu bringen, tun sie oftmals zu viel des Guten, was zu neuen Problemen führen kann.

| **Mangel an** | *pessimistisch* | *deprimiert* | *antriebslos* |
| *Feuer* | *stumpfsinnig* | *apathisch* | *isoliert* |

Für diese Menschen bedeutet es einen Kampf, sich selbst zum Ausdruck zu bringen und sich zu behaupten. Ihr Verhalten schwankt zwischen Zurückhaltung und Theatralik. Sie können in eine hektische Betriebsamkeit verfallen oder sich auf der anderen Seite in ihrer persönlichen Vergangenheit verlieren. Sie neigen dazu, Inspiration oder Anregung bei anderen zu suchen – weil sie selbst neue Möglichkeiten nicht wahrnehmen oder es ihnen an Begeisterung fehlt. Oftmals fühlen diese Menschen eine Antriebslosigkeit oder Distanz in sich. Dabei wünschen sie sich nichts sehnlicher, als an etwas emotional beteiligt zu sein.

Mangel an	*unpraktisch*	*unproduktiv*	*zwanghaft*
Erde	*unzentriert*	*ungefestigt*	*abgehoben*
	vorsichtig		

Diese Menschen entwickeln oft Fertigkeiten, die nicht praktisch angewandt werden können, wechseln von einem Job zum anderen, stellen ungedeckte Schecks aus oder borgen sich leichtfertig Geld. Oder sie tun genau das Gegenteil und legen eine zu starke Betonung auf das Praktische. Dann wachen sie pedantisch über die Finanzen und die alltäglichen Vorkommnisse und werden vielleicht Sekretärin oder Buchhalter. Weil diese Menschen fühlen, daß sie nicht geerdet sind, suchen sie nach Sicherheit – zum Beispiel, indem sie sich einer starren Alltagsroutine oder Weltanschauung verschreiben. Es besteht die Gefahr, daß sie aus ihrem Sichcrheitsbedürfnis heraus zu lange an einem Job oder einer Beziehung festhalten.

| **Mangel an** | *subjektiv,* | *neugierig* | *losgelöst* |
| *Luft* | *distanziert* | *naiv* | |

Diese Menschen verspüren zumeist den Wunsch nach zwischenmenschlichen Beziehungen und Kommunikation und fühlen sich doch isoliert und unverstanden. Oftmals ziehen sie es vor, sich auf schriftliche beziehungsweise nonverbale Art auszudrücken statt durch das gesprochene Wort. Dem Intellekt gegenüber mißtrauisch, lernen sie vor allem aus Erfahrung. Sie sind andauernd damit beschäftigt, ihr Denken zu klären und in Begriffe zu fassen. Da es ihnen selbst an Objektivität fehlt, können sie sich nur durch die Reaktionen der anderen besser zu verstehen lernen.

| **Mangel an** | *unerreichbar* | *verschlossen* | *kontrolliert* |
| *Wasser* | *rücksichtslos* | *unpersönlich* | *unsicher* |

Hier besteht häufig eine Hinwendung zu spirituellen Bereichen oder universellen Wahrheiten, um den Sinn des Lebens zu finden oder um gegen die emotionale Leere anzugehen, die trotz aller persönlichen Beziehungen vorhanden ist. Die Schwierigkeiten, mit anderen in Kontakt zu kommen und die Gefühle auszudrücken, können dazu führen, daß Beziehungen mit überemotionalen Menschen eingegangen werden oder daß eine Sucht nach Aufregung und Intensität entsteht. Diese Menschen können zumeist die Gefühle der anderen nicht wahrnehmen – sie versuchen dann mitunter ihre Sensibilität dadurch zu beweisen, daß sie Mitmenschen bemuttern (beispielsweise das Essen kochen) oder in anderer Form ein übertrieben fürsorgliches Verhalten an den Tag legen.

A 3. Die dominierende Qualität

Wie viele Punkte? *Besonders wichtig*, **wenn mehr als 6.**

Die Qualitäten setzen sich aus den *kardinalen, festen* und *veränderlichen* Zeichen zusammen. Wenn sie auch nicht so bedeutungsvoll wie die Elemente sind, enthüllen sie doch wichtige persönliche Merkmale.

Widder, Krebs,Waage, Steinbock = *kardinale* Zeichen
Stier, Löwe, Skorpion, Wassermann = *feste* Zeichen
Zwillinge, Jungfrau, Schütze, Fische = *veränderliche*Zeichen

Wir verwenden wieder die 14-Punkte-Skala, wobei wir die Qualitäten in einem Horoskop auf dieselbe Weise zählen wie die Elemente. In unserem Beispiel sähe das wie folgt aus:

Planet		Stand	Zeichen		kardinal	fest	veränderlich
☉	(Sonne)	02°20′	♏	(Skorpion)		2	
☽	(Mond)	29°53′	♉	(Stier)		1	
☿	(Merkur)	24°24′	♎	(Waage)	1		
♀	(Venus)	09°47′	♎	(Waage)	1		
♂	(Mars)	16°38′	♏	(Skorpion)		1	
♃	(Jupiter)	29°05′	♑	(Steinbock)	½	½	
♄	(Saturn)	23°54′	♑	(Steinbock)	1		1
♅	(Uranus)	29°47′	♌	(Löwe)		½	½
♆	(Neptun)	10°44′	♏	(Skorpion)		1	
♇	(Pluto)	09°31′	♍	(Jungfrau)			1
AC	(Aszend.	13°31′	♊	(Zwillinge)			1
Himmelsmitte		19°27′	♒	(Wasserm.)		1	
			Punkte		3½	7	3½

Wir erhalten demnach dreieinhalb Punkte für die kardinalen, sieben Punkte für die festen und wiederum dreieinhalb Punkte für die veränderlichen Zeichen. Vier bis fünf Punkte sind ein durchschnittlicher Wert, sechs verweisen auf eine *starke* und sieben oder mehr auf eine *außerordentlich starke* Betonung einer Qualität.

Dieses Horoskop weist also eine *außerordentlich starke* Betonung der *festen* Zeichen auf.

Die folgenden Schlüsselwörter sollen dir helfen, die Betonung einer Qualität in einem Horoskop zu interpretieren. Setze vor jedes Schlüsselwort sehr, wenn sechs Punkte, und außerordentlich, wenn sieben oder mehr Punkte erreicht sind. Du wirst feststellen, daß die kardinalen Zeichen in gewisser Weise den Feuerzeichen ähneln, die festen den Erdzeichen und die veränderlichen sowohl den Luft- als auch den Wasserzeichen.

kardinal	*aktiv*	*engagiert*	*rastlos*
	kraftvoll	*geschäftig*	*ungestüm*
	ehrgeizig	*zupackend*	

Menschen mit sieben oder mehr Punkten in kardinalen Zeichen leiden eher an Überaktivität als an Langeweile. Sie engagieren sich voll und ganz in ihren Projekten und Aktivitäten, schenken aber auch den anderen wichtigen Lebensbereichen ihre Aufmerksamkeit (dem Heim und der Familie, der Liebe und dem Beruf). Diese Menschen sind bereit, sich den Herausforderungen zu stellen und Krisen zu bewältigen. Vieles hängt davon ab, welches der kardinalen Zeichen im Horoskop dominiert.

fest	*entschlossen*	*zielgerichtet*	*ausdauernd*
	hartnäckig	*kraftvoll*	*willensstark*
	starrsinnig	*langsam*	*bedächtig*

Menschen mit sieben oder mehr Punkten in festen Zeichen richten ihre Aufmerksamkeit auf ihre Ziele und Wertvorstellungen und die Erfüllung ihrer Wünsche. Sie brauchen eine lange Anlaufzeit, können aber kaum gebremst werden, wenn sie einmal in Gang gekommen sind. Sie widersetzen sich jedem Richtungswechsel und lassen sich nicht drängen oder unter Druck setzen.

veränderlich	vielseitig	anpassungsfähig	wandlungsfähig
	unbeständig	individualistisch	sympathisch
	kokett	unruhig	willensschwach
	beeinflußbar	unentschlossen	hilfsbereit

Menschen mit sieben oder mehr Punkten in den veränderlichen Zeichen liegt viel an persönlichen Beziehungen. Sie streben nach Vielseitigkeit und Abwechslung, wobei sie aber lieber mit als gegen den Strom schwimmen. Sie passen sich an ihre Mitmenschen und an die Lebensumstände an. Oftmals wissen sie nicht, was sie selbst eigentlich wollen.

A 4. Die schwächste Qualität

Wie viele Punkte? *Besonders wichtig*, wenn weniger als 2.

Die durchschnittliche Punktezahl für jede Qualität beträgt nach der 14-Punkte-Skala 4,66. Es kommt selten vor, daß jemand nur einen oder gar keinen Punkt in einer bestimmten Qualität hat. Bei zwei oder weniger Punkten ist von einem – mehr oder weniger stark ausgeprägten – *Mangel* zu sprechen. Wie wir es schon bei den Elementen gesehen haben, sind sich die Menschen, auf die dies zutrifft, bewußt, daß ihnen etwas fehlt, und versuchen, Abhilfe zu schaffen. Aber auch hier ist es möglich, daß es zu einer Kompensation durch andere Horoskop-Faktoren kommt. Handelt es sich um ein extremes Minus, sind sehr starke oder viele Kompensationsfaktoren notwendig.

Kompensationsmöglichkeiten
für zwei oder weniger Punkte in kardinaler Qualität

— *Mars* in einem kardinalen Zeichen (insbesondere im Widder)
— *Mars* in herausragender Stellung (zum Beispiel in Konjunktion mit einem Eckpunkt des Horoskops)

- *Mars* in einem kardinalen Haus oder als Herrscher eines kardinalen Hauses
- *Mars* in Konjunktion mit der Sonne, dem Mond oder Saturn
- *Sonne* oder *Mond* im Widder; *Saturn* im Steinbock
- eine starke Betonung der *Feuerzeichen*
- ein «*Schöpfkellen-Muster*» (siehe A 5.)

Kompensationsmöglichkeiten
für zwei oder weniger Punkte in fester Qualität

- Die *Sonne* in einem festen Zeichen
- die *Sonne* in Konjunktion mit Pluto, Saturn, Uranus, dem Aszendenten oder dem MC
- die *Sonne* in einem festen Haus oder als Regent eines festen Hauses
- eine starke Betonung der *Erdzeichen*
- ein «*Schnellzug-Muster*» (siehe A 5.)

Kompensationsmöglichkeiten
für zwei oder weniger Punkte in veränderlicher Qualität

- *Merkur* in einem veränderlichen Zeichen (insbesondere in den Zwillingen oder in der Jungfrau)
- *Merkur* in herausragender Stellung (zum Beispiel in Konjunktion mit einem Eckpunkt des Horoskops)
- *Merkur* in einem veränderlichen Haus oder als Regent eines veränderlichen Hauses
- *Merkur* in Konjunktion mit der Sonne, dem Mond, Jupiter oder Neptun
- eine starke Betonung von *Luft- oder Wasserzeichen*
- ein «*Streuungs-Muster*» (siehe A 5.)

Die Schlüsselwörter auf der folgenden Seite können dir als Interpretationsanleitung dienen, wenn in einem Horoskop eine Qualität nicht besetzt ist.

Mangel an kardinaler Qualität

Diese Menschen bescheiden sich oft mit einer Beobachterrolle; sie können sich ihres Daseins erfreuen, ohne den Drang zu verspüren, etwas Großartiges leisten zu müssen. Bei einem oder gar keinem Punkt wiederum kann die Neigung bestehen, sich durch Aktivität Selbstbestätigung zu verschaffen. Oftmals ersetzt hier ein intensives, gefühlvolles Innenleben das aktive Eingehen auf weltliche Herausforderungen.

Mangel an fester Qualität

Für diese Menschen kann es schwierig sein, einmal Begonnenes zu vollenden und eine geordnete und stabile Lebensführung zu entwickeln. Dies mag eine zwanghafte Reaktion hervorrufen – einen allumfassenden Organisationsdrang oder auch eine übertriebene Hartnäckigkeit, die Dinge zum Ende zu bringen. Manchmal messen diese Menschen ihre Willenskraft an allzu anspruchsvollen Projekten und Zielen.

Mangel an veränderlicher Qualität

Diese Menschen wissen für gewöhnlich, was sie wollen. Sie zeigen sich wenig kompromißbereit und bestehen oft darauf, daß andere sich ihren Vorstellungen beugen. Sie haben Schwierigkeiten damit, sich den Umständen anzupassen und in ihrem Leben Veränderungen vorzunehmen. Aus diesem Grunde versuchen sie, auf die äußeren Gegebenheiten – mitunter auf recht dramatische Art – einzuwirken.

A 5. Planeten-Konfigurationen

Wenn ein Muster hervortritt, ist das *besonders wichtig.*

In manchen Horoskopen finden sich – in mehr oder weniger deutlicher Form – planetarische Muster. Hab keine Angst, daß du ein Planetenbild übersiehst – wenn das tatsächlich der Fall sein sollte, kannst du davon ausgehen, daß es keine zentrale Bedeutung für die Interpretation hat.

Die folgenden Definitionen und Interpretationen sind nur grobe Skizzierungen. Für nähere Informationen kannst du andere Fachbücher zu Rate ziehen (näheres hierzu im Anhang).

Die «Streuung»

Definition   *Die Planeten sind über das ganze Horoskop verteilt. Für gewöhnlich stehen nicht mehr als zwei Planeten in einem Haus. Es gibt höchstens drei leere Häuser, und kein freier Bereich umfaßt mehr als zwei Häuser oder 60 Grad.*

Interpretation Die Person mit der «Streuung» hat etwas Zwillingshaftes an sich. Sie verfügt über eine Vielzahl von Interessen und Fähigkeiten. Es fällt ihr schwer, sich auf einen oder zwei Lebensbereiche zu konzentrieren. Sie neigt dazu, ihre Energien aufzusplittern.

Die «Schüssel» (oder auch: *die «Halbkugel»*)

Definition   *Alle Planeten befinden sich – von einer Opposition begrenzt – innerhalb eines Bereiches von 180 (maximal 190) Grad. In diesem Abschnitt sind nicht mehr als 60 Grad oder zwei Häuserbreiten unbesetzt.*

37

Interpretation Die «Schüssel-Persönlichkeit» ruht in sich selbst. Wenn sie auch fähig ist, in den Häusern, in denen Planeten stehen, selbständig zu wirken, konzentriert sie sich doch für gewöhnlich auf die nicht besetzten Bereiche (insbesondere durch das Zeichen oder Haus verkörpert, das dem Mittelpunkt der «Schüssel» gegenüberliegt). Der erste Planet der «Halbkugel» (derjenige, der im Uhrzeigersinn als erster den Aszendenten überquert) zeigt die Art von Energie an, die zur Erfüllung von Bedürfnissen im allgemeinen eingesetzt wird.

Die «Schöpfkelle»

Definition *Die «Schöpfkelle» baut auf der «Schüssel» auf. Zusätzlich besteht ein «Griff» – in Form eines Planeten oder einer engen Konjunktion mit einem Abstand von mindestens 30 Grad zu der «Schüssel». Idealtypisch ist dieses Muster, wenn der Abstand genau 90 Grad beträgt und es eine Opposition zu einem Planeten «im Boden der Schüssel» gibt.*

Interpretation Der Mensch mit diesem planetarischen Bild kanalisiert seine Energien durch den «Griff» der Konstellation. Das Haus und das Zeichen dieses Planeten oder dieser Konjunktion verweisen für gewöhnlich auf die Art von Energie, die zum Ausdruck gebracht wird, und auf den Lebensbereich, in dem der Mensch nach Anerkennung sucht.

Der «Schnellzug» (oder auch: der «Weitwinkel»)

Definition *Alle Planeten befinden sich in einem Bereich von 240 (maximal 250) Grad, wobei innerhalb dieses Bereiches höchstens zwei Häuser oder 60 Grad unbesetzt sind. Zwischen dem ersten und dem letzten Planeten der Konfiguration besteht ein Trigon.*

Interpretation Die «Schnellzug-Persönlichkeit» ist tatkräftig und entschlossen. Sie verfügt über eine starke Antriebskraft und ist voll und ganz darauf ausgerichtet, ihr Ziel (welches durch den Mittelpunkt des unbesetzten Abschnitts näher bezeichnet wird) zu erreichen. Der Planet, der als erster im Uhrzeigersinn den Aszendenten überquert, ist der Motor beziehungsweise die «Lokomotive». Deren Haus- und Zeichenposition zeigt, welche Energie diesen Menschen treibt. Die Aufgabe besteht hier darin, den Halbsummen-Punkt des unbesetzten Abschnitts zu integrieren.

Die «Wippe» (oder auch: die «Sanduhr»)

Definition *Die Planeten bilden zwei Gruppen, welche mindestens 60 Grad oder zwei Häuserbreiten voneinander entfernt sind. Es muß mindestens eine Opposition vorhanden sein. Die Gruppen selbst dürfen nicht mehr als eine Häuserbreite umfassen.*

Interpretation Die Person mit dieser Konfiguration hat etwas Waagehaftes an sich. Ihr Interesse gilt in erster Linie den Beziehungen. Sie vermag Alternativen zu erkennen, was aber zur Folge haben kann, daß sie sich zwischen den verschiedenen Teilen ihres Wesens hin- und hergerissen fühlt. Ihre Aufgabe besteht darin, durch Synthese und Kompromiß ins Gleichgewicht zu kommen.

Der «Keil»

Definition

Alle Planeten befinden sich innerhalb eines Trigons (120 oder maximal 130 Grad).

Interpretation

Die Person mit diesem Bild im Horoskop ist selbständig, unabhängig und zu konzentrierter Arbeit fähig. Sie vermag es, ihre Energien auf erfinderische Weise in den Lebensbereichen zum Einsatz zu bringen, die den von den Planeten besetzten Zeichen und Häuser entsprechen. Dieser Mensch ist in seinen Perspektiven beschränkt, verfügt jedoch über die Fähigkeit, aus seinen Möglichkeiten das äußerste herauszuholen. Der Planet, der die Konstellation öffnet, zeigt, welche Energie eingesetzt werden kann, um in dem Lebensbereich etwas zu leisten, der von der gegenüberliegenden Halbsumme verkörpert wird.

Der «Fächer»

Definition

Alle Planeten – bis auf einen oder eine enge Konjunktion – befinden sich innerhalb eines Trigons beziehungsweise eines «Keils». Der einzelne Planet (die Konjunktion) bildet den «Griff». Dieser ist mindestens 60 Grad vom «Keil» entfernt. Er steht in Opposition zu wenigstens einem der anderen Planeten.

Interpretation

Anstatt die Energie durch den Planeten, der den Griff darstellt, zum Ausdruck zu bringen (wie das bei der «Schöpfkelle» der Fall war), wird hier der einzelne Planet als eine Quelle der Unterstützung oder Stärkung sowie zur Befriedigung der Bedürfnisse verwendet.

40

Das «Dreieck»

Definition   *Die Planeten verteilen sich auf drei Gruppen, die jeweils mindestens 60 Grad oder zwei Häuserbreiten voneinander entfernt sind. In der reinsten Form gilt für diese Konstellation folgendes: Jede Gruppe umfaßt nicht mehr als 60 Grad, und die Gruppen sind durch Trigone miteinander verbunden (was dann dem* Großen Trigon *beziehungsweise dem* Großen Dreieck *entspricht, welches unter A 6. näher beschrieben ist).*

Interpretation   Bei dem Menschen mit dieser Planetenstellung handelt es sich im allgemeinen um ein außergewöhnliches Individuum, das selbstbewußt seinen Weg geht. Mit dem Großen Trigon besteht ein tiefes Wissen um das jeweilige Element.

A 6. Aspekt-Konfigurationen

Wenn vorhanden, ist das *besonders wichtig.*

Die wichtigsten Aspekt-Konfigurationen sind das *Stellium*, das *Große Trigon (Großes Dreieck)*, das *T-Quadrat*, das *Große Quadrat (Großes Kreuz)* und das *Yod (auch «Finger Gottes» genannt)*.

Das *Stellium*

Definition   *Gemäß der Überlieferung besteht das Stellium aus mindestens vier Planeten (oder fünf, falls Sonne, Merkur oder Venus beteiligt sind), wobei der Abstand jeweils nicht mehr als acht Grad beträgt und sich alle Planeten innerhalb desselben Zeichens befinden. Die Bedeutung des Stelliums kommt jedoch auch dann zum Tragen, wenn vier Planeten betei-*

ligt sind (selbst dann, wenn drei davon zu den inneren Planeten gehören) oder wenn alle in demselben Haus, jedoch nicht in demselben Zeichen stehen.

Eine Konfiguration wirkt wie ein Stellium, jedoch mit verminderter Intensität, in den folgenden Fällen:

Wenn drei (statt vier) Planeten in enger Konjunktion zueinander stehen, wenn vier Planeten zwar in enger Konjunktion zueinander stehen, aber nicht im selben Zeichen oder Haus, wenn der Orbis zwischen zwei Planeten etwas mehr als acht Grad beträgt, wenn drei Planeten mit einem Mondknoten oder einem Achsenpunkt des Horoskops in Konjunktion stehen.

Ein Stellium ist besonders stark, wenn mehr als vier Planeten beteiligt sind oder wenn ein Planet in seinem eigenen Zeichen oder Haus steht.

Interpretation Die positiven Merkmale eines Stelliums umfassen: geballte Energie, Konzentration, Genie, Talent, innere Motivation, ein Gefühl für Richtung und Zweck sowie Zielstrebigkeit. Die negativen Eigenschaften sind unter anderem: Beschränktheit, Besessenheit, Maßlosigkeit, Unausgewogenheit, Ich-Bezogenheit, Kompromißlosigkeit und ein Mangel an Objektivität.

Die Planeten eines Stelliums treten normalerweise als Einheit in Erscheinung; sie geben dem Zeichen oder Haus, in dem sie stehen, ein außerordentliches Gewicht. Bevor du die einzelnen Konjunktionen des Stelliums interpretierst, mußt du untersuchen, wie sich die Kombination von Zeichen und Haus auswirkt.

Du kannst das Stellium gewissermaßen als eine Familie betrachten. Wenn der Vater seine Arbeit verliert, wirkt sich das auf jedes Familienmitglied aus. Erhält die Tochter in der Schule eine Auszeichnung, freuen sich alle mit ihr. In einem Stellium beeinflussen sich diejenigen Planeten am meisten, die direkt beieinander stehen; die Auswirkun gen aber erstrecken sich auf auch diejenigen, die weiter entfernt sind. Normalerweise ist der Planet in der Mitte des Stelliums den Einflüssen der anderen Planeten gegenüber am empfindlichsten.

Aspekte des Stelliums zu anderen Planeten oder zu den Eckpunkten geben Hinweise darauf, wie dieses sich auf die anderen Energien des Horoskops auswirkt. Werden die Planeten des Stelliums von Transiten oder Progressionen aktiviert, kommt es zu einer «Kettenreaktion». Menschen mit einem Stellium erleben abwechselnd Perioden der Ruhe und Phasen intensiver Umwälzungen und Wandlungen.

Das *Große Trigon* (oder auch: *das Große Dreieck*)

Definition   *Das Große Trigon umfaßt drei Planeten, die alle im Trigon zueinander stehen: Der erste bildet ein Trigon zum zweiten, der zweite eins zum dritten und der dritte eins zum ersten. Im Idealfall stehen die Planeten im gleichen Element. Ein Großes Trigon ist dann besonders stark, wenn es mehr als drei Planeten im gleichen Element aufweist. Es ist schwach, wenn es mehr als ein Element umfaßt.*

Interpretation Die positiven Eigenschaften eines Großen Trigons beinhalten: freies Fließen von Energie, Glück, gute Chancen und vielerlei Vorteile, Handeln aus dem eigenen Willen heraus, Unabhängigkeit und Begabung (wobei sich all dies insbesondere auf ein Element bezieht). Die negativen Eigenschaften umfassen: Passivität oder Trägheit, Flucht vor Herausforderungen, ein Sich-im-Kreis-Drehen, eine Fixierung auf die Vergangenheit, Verschlossenheit und Distanz, Weltfremdheit.

Noel Tyl hat das Große Trigon mit der Formulierung des «geschlossenen Kreislauf des Sich-selbst-genug-Seins» am besten beschrieben. Menschen mit einem Großen Trigon im Horoskop sind begabt, motiviert und zu eigenständiger Arbeit auf dem Gebiet des betonten Elementes fähig. Sie neigen aber dazu, sich bei Problemen in diesen Teil ihres Wesens «zurückzuziehen».

Ein Mensch mit einem *Großen Trigon im Element Feuer* ist im allgemeinen voller Energie und Vitalität, hat jedoch Schwierigkeiten damit, zur Ruhe zu kommen, den Standpunkt anderer nachzuvollziehen oder seine Energie in Übereinstimmung mit den Bedürfnissen einer anderen Person zum Ausdruck zu bringen.

Jemand mit einem *Großen Trigon im Element Luft* lebt möglicherweise intellektuell und sozial in einer Welt für sich und ist sich selbst dabei Anregung genug – oftmals jedoch mit dem Problem, das Denken nicht abschalten zu können und hilflos gegenüber emotionalen oder praktischen Angelegenheiten zu sein.

Der Mensch mit dem *Großen Trigon im Element Erde* kann sich mit viel Erfolg seinem Beruf widmen und materielle Hilfsquellen anzapfen und auswerten. Übermäßiger Ehrgeiz und die Ausrichtung auf das Konkrete verhindern aber möglicherweise, daß er sich Quellen erschließt, die seinem Leben wirklich Sinn und Bedeutung geben.

Dem Menschen mit einem *Großem Trigon im Element Wasser* ist ein aktives Gefühlsleben und ein hoher Grad an Sensibilität zu eigen – allerdings besteht vielleicht die Unfähigkeit, die Gefühle mit anderen zu teilen oder sich über seine Gefühle zu erheben und sich selbst objektiv zu betrachten.

Wenn du ein Großes Trigon interpretierst, mußt du deine Aufmerksamkeit neben dem betonten Element auch auf die beteiligten Planeten und Häuser richten. Falls einer dieser Planeten auch Bestandteil einer anderen Aspekt-Konfiguration ist, kannst du davon ausgehen, daß dieser der Schlüssel zum wirkungsvollsten Ausdruck der Kräfte *beider* Konstellationen ist. Ein genaues Quadrat oder eine exakte Opposition zu einem Großen Trigon ist ebenfalls bedeutsam – es motiviert den Menschen, seine Feuer-, Erd-, Luft- oder Wasser-Kräfte in anderen Lebensbereichen anzuwenden. Ein Großes Trigon, bei dem ein Planet zu einem anderen in Opposition steht, wird als «Drache» bezeichnet. In diesem Fall kann der Oppositions-Planet zu einem erhöhten Bewußtseinszustand führen. Es handelt sich dabei um einen leistungsfähigen Kanal für den Ausdruck der Energien des Großen Trigons.

Das Yod (oder auch: *der «Finger Gottes»*)

Definition *Diese Konstellation besteht aus drei Planeten. Zwei davon stehen im Sextil zueinander, der dritte bildet zu diesen beiden jeweils einen 150-Grad- beziehungsweise einen Quinkunx-Aspekt. Die tolerierbare Abweichung darf nicht mehr als fünf Grad betragen. Der Planet, auf den die Quinkunx-Aspekte gerichtet sind, ist der* Planet im Brennpunkt *oder auch der* Aktions-Planet.

Interpretation Das Yod erfordert eine emotionale oder mentale Neuordnung und Regeneration. Der Planet im Brennpunkt zeigt an, um welche Kräfte es geht – das *Zeichen* weist auf die Art und Weise der Korrektur oder Neubewertung hin, das *Haus* verdeutlicht, in welchem Lebensbereich die Umwandlung stattfindet. Der Planet im Brennpunkt bedeutet eine überaus große Sensibilität, weil mit den Quinkunx-Aspekten (Aspekte des 6. und 8. Hauses) eine unterschwellige Spannung einhergeht, welche physische oder psychische Probleme zur Folge haben kann. Dieser Planet ist es, der die Lebensaufgabe verkörpert; er stellt den *«Finger Gottes»* dar, den göttlichen Rat; er ist Schicksal und Bestimmung. Seine negativen Erscheinungsformen müssen auf die Weise ausgetrieben werden, wie man den Teufel austreibt – der Mensch ist gefordert, zu dessen höchsten Ausdrucksformen vorzustoßen. Weil der Brennpunkt-Planet in der Halbsumme der beiden anderen Planeten steht (diese sind je 150 Grad entfernt), kann durch ihn die dynamische und kreative Energie genutzt werden, die mit dem Sextil gegeben ist. Er bedeutet Gelegenheiten, eine neue Seinsweise zu erschaffen; er ist der Planet der Umwandlung, der alchimistische Wirkstoff, der ein völlig neues Muster des Denkens und Fühlens bewirken kann.

Menschen mit einer Yod-Konstellation im Horoskop kommen in ihrem Leben oftmals an Wendepunkte mit tiefen Krisen, welche schließlich durch einen Bewußtseinswandel aufgelöst werden – was dann als schicksalhafte Richtungsänderung erlebt wird. Diese Umwandlung führt im Idealfall zu einer gesteigerten spirituellen Empfindsamkeit und Bewußtheit sowie zum Fließen neuer Energien, zum Aufbau eines inneren Zentrums und zur Entdeckung einer konkreten Ausdrucksform für die eigene Kreativität. Befindet sich auch in der Halbsumme des Sextils ein Planet (also in einer Entfernung von 30 Grad zu jedem der Sextil Planeten), wird die Konstellation *Vierer-Yod* genannt. Bei ihr ist das transformative Element von noch größerer Bedeutung – sie verlangt konkretes Handeln und den praktischen Ausdruck der Kreativität.

Das T-Quadrat

Definition   *Das T-Quadrat umfaßt (mindestens) drei Planeten, von denen zwei in Opposition zueinander sowie im Quadrat zum dritten stehen, wobei anzumerken ist, daß der Orbis nicht mehr als zehn Grad betragen sollte. Im allgemeinen stehen die drei Planeten in derselben Qualität – kardinal, fest oder veränderlich.*

Ein T-Quadrat ist dann besonders stark, wenn mehr als drei Planeten beteiligt sind, wenn die Orben klein sind (weniger als vier Grad), wenn eines der Quadrate exakt ist (Orbis geringer als ein Grad) oder *wenn der Planet im Brennpunkt (zu dem die Quadrate bestehen) sich genau in der Halbsumme der Oppositions-Planeten befindet.*
Ein T-Quadrat ist schwach, wenn die Planeten sich in Zeichen verschiedener Qualität befinden, wenn die Orben mehr als sechs Grad

betragen oder wenn sich in dem Zeichen, das dem Planeten im Brennpunkt gegenüberliegt, ein Planet befindet (dann ist allerdings vielleicht ein Großes Kreuz gegeben. Dazu weitere Anmerkungen im folgenden). Wenn ein Planet die Mondknoten-Achse, die Aszendent/Deszendent- oder die MC/IC-Achse im Quadrat aspektiert, entsteht eine Konfiguration, die ähnlich wie ein schwaches T-Quadrat wirkt.

Interpretation Mit dem T-Quadrat ist viel Motivation und die Fähigkeit verbunden, etwas zu leisten. Allerdings kann es auch zur Folge haben, daß Energie vergeudet oder unvorteilhaft zum Ausdruck gebracht wird. Der Grund hierfür liegt darin, daß sich der Mensch mit einem T-Quadrat nicht in einem Zustand des Gleichgewichts befindet. Bei ihm kommt es leicht dazu, daß eine Seite eine Überbetonung erhält (wie ein viereckiger Tisch, der nur drei Beine hat). Diese Person richtet häufig zunächst alle Aufmerksamkeit auf das Zeichen und Haus des Brennpunkt-Planeten, um dann festzustellen, daß kein Gleichgewicht besteht. In der Folge wird dann die gegenüberliegende Seite überbetont. Das T-Quadrat umfaßt zwei Quadrate und eine Opposition – damit erfordert es sowohl Aktivität als auch Ausgleich. Es ist die am häufigsten aufscheinende Konfiguration im Horoskop erfolgreicher Menschen. Der Planet im Brennpunkt ist dabei der Schlüssel zur Begabung beziehungsweise zur Leistung. Zugleich kann er die Ursache von Frustration, Neurose oder Überkompensation sein.

Bei der Interpretation des T-Quadrats ist folgendes von Bedeutung:

1. *Der Planet im Brennpunkt, sein Zeichen und Haus sowie das Haus oder die Häuser, deren Regent er ist* (auch in diesen Häusern kommt die Spannung und Antriebskraft des T-Quadrats zum Tragen).

Der Planet im Brennpunkt ist vielleicht der auffälligste Planet des Horoskops und die Hauptquelle der Energie dieses Menschen. Es ist unbedingt erforderlich, daß diese genutzt wird – und zwar auf eine weise Art. Das Geheimnis zur effektiven Nutzung eines T-Quadrats liegt darin zu lernen, den Planeten im Brennpunkt positiv zum Ausdruck zu bringen. Die mit ihm einhergehende Spannung darf nicht in zwanghafte Aktivität, Übertreibung oder Überkompensation münden.

2. *Das Wesen der Opposition und der Quadrate im Hinblick auf die beteiligten Planeten und Häuser.* Der genaueste Aspekt zeigt den Ursprung des Konfliktes sowie die Hilfsmittel, die zu seiner Lösung führen können.

3. *Der unbesetzte Raum – der dem Brennpunkt-Planeten gegenüberliegende Grad.* Wenn es *zwei* Brennpunkt-Planeten gibt (also zwei Planeten, die in der Brennpunkt-Stellung in Konjunktion zueinander stehen), liegt der leere Raum gegenüber deren Halbsumme. Dieser nicht besetzte Bereich muß ganz bewußt auf positive Weise entwickelt werden – es darf aus einem Gefühl der Unzulänglichkeit heraus nicht zu Überkompensation kommen oder dazu, daß blindlings noch mehr Energie auf den Planeten im Brennpunkt gerichtet wird. Die Person darf sich nicht wieder den negativen Manifestationsformen des leeren Raumes zuwenden – sie muß lernen, den Spannungen des Brennpunkt-Planeten standzuhalten. Das Sabische Symbol* für den Tierkreisgrad des leeren Raumes ist oftmals ein Schlüssel für die Qualität, die entwickelt werden muß. Die Stellung des Herrschers

---

* Die *Sabischen Symbole* stellen eine überlieferte Form astrologischen Wissens dar, die jedem einzelnen der 360 Grade des Tierkreises eine bestimmte Bedeutung zuschreibt. Näheres in dem Büch: Dane Rudhyar, *Astrologischer Tierkreis und Bewußtsein.*

dieses Zeichens zeigt, wie diese am besten zum Ausdruck gebracht werden kann.

Es gibt drei Arten des T-Quadrats: das kardinale, das fixe und das veränderliche.

Menschen mit *kardinalem T-Quadrat* sind äußerst aktiv; sie scheuen im Hinblick auf persönliche Angelegenheiten, dem Heim und der Familie, der Liebe oder dem Beruf vor keiner Schwierigkeit zurück. Oft sind widderhafte Züge zu beobachten (es sei denn, es handelt sich um ein T-Quadrat zur Waage). Diese Menschen sind aufgefordert, die positiven Waage-Eigenschaften zu pflegen. Sie sollten sich ausgeglichen, bescheiden und rücksichtsvoll zeigen und Urteils- und Kompromißfähigkeit beweisen.

Menschen mit *fixem T-Quadrat* zeigen beträchtliche Willensstärke sowie viel Kraft und Entschlossenheit, insbesondere im Hinblick auf die Erfüllung ihrer Wünsche. Ihre Energie baut sich langsam auf und erfährt dann eine machtvolle Freisetzung – vergleichbar mit einem Lastwagen, der einen steilen Hügel erklimmt und dann auf der anderen Seite abwärts rast. Für gewöhnlich brauchen diese Menschen für ihre starke Energie ein konstruktives Betätigungsfeld; sie müssen ein Gefühl für Werte entwickeln, das Sensibilität für die Wünsche und Bedürfnisse anderer einschließt.

Menschen mit *veränderlichem T-Quadrat* neigen zu allzu großer Anpassungsbereitschaft, Unbeständigkeit und Ruhelosigkeit. Sie sind stark an persönlichen Beziehungen interessiert und lassen sich leicht beeinflussen. Sie müssen sich darum bemühen, in ihren Beziehungen zu anderen das Gleichgewicht zu bewahren. Dabei kann es ihnen helfen, wenn sie ein Ziel oder eine Aufgabe entdecken, die sie ihr inneres Zentrum erkennen läßt. Diese Menschen stehen in der Gefahr, zuviele Richtungen einschlagen zu wollen.

Die Bedeutung eines T-Quadrats verändert sich, wenn der Planet im Brennpunkt rückläufig ist (was selten vorkommt) oder in der Progression rückläufig wird. Dieser Planet wird dann im Vergleich zum direktläufigen auf hintergründigere Weise wirken; er wird

eher das emotionale, mentale und physische Wohlbefinden beeinflussen als das äußerliche Verhalten. Weitere Informationen über
das T-Quadrat kannst du meinem Buch *Schwierige Aspekte – Herausforderungen und Chancen* (ebenfalls erschienen im Verlag Hier
& Jetzt, Hamburg) entnehmen.*

Das Große Quadrat (oder auch: *das Kreuz; das Kosmische Kreuz*)

Definition   *Das Große Quadrat besteht aus mindestens vier
Planeten beziehungsweise aus vier Quadraten und
zwei Oppositionen. Der erste Planet bildet ein
Quadrat mit dem zweiten, der zweite mit dem dritten, der dritte mit dem vierten und der vierte wieder mit dem ersten. Oppositionen verbinden den
ersten Planeten mit dem dritten sowie den zweiten
mit dem vierten. Im Idealfall befinden sich alle
Planeten in Zeichen derselben Qualität, und kein
Orbis beträgt mehr als acht Grad.*

Ein schwaches Großes Quadrat ist gegeben, wenn die Planeten in
zwei verschiedenen Qualitäten stehen (zum Beispiel in der kardinalen und der veränderlichen) oder die Orben zu groß sind (etwa
zehn oder zwölf Grad). Oppositionen, die zu der Mondknoten-
Achse, der Aszendent/Deszendent- oder der MC/IC-Achse im Quadrat stehen, können ebenfalls wie ein schwaches Großes Quadrat
wirken.

Interpretation Zu den positiven Eigenschaften des Großen Quadrats zählen: innere Kraft und Stärke, Entschlossenheit, Zielstrebigkeit, Produktivität sowie die
Fähigkeit, verschiedene Energien zusammenzufas-
sen und zu kanalisieren, alle Dimensionen der eigenen Erfahrung zu integrieren und Ideale und

---

*Dieses Buch ist die gründlichste Abhandlung über das T-Quadrat, die es zur Zeit gibt. Es
informiert nicht nur über das T-Quadrat im Geburtshoroskop, sondern auch über die Konstellationen dieses Typus, die durch Transit und Progression entstehen. Anmerkung des
Herausgebers.

Werte in eine konkrete Form umzusetzen. Die negativen Eigenschaften umfassen: Unflexibilität und
Untätigkeit, Zersplitterung von Energien, innere
Anspannung, Resignation, das «Atlas-Syndrom»
(die Last der ganzen Welt zu tragen) und ein de-
struktives oder selbstzerstörerisches Verhalten.

Menschen, in deren Horoskop sich ein Großes Quadrat findet,
fühlen sich im allgemeinen in vier Richtungen gezerrt und von den
Forderungen überlastet, die sie selbst und andere an ihre Zeit und
Energie stellen. Sie leben, als steckten sie in einem Raum mit vier
verschlossenen Türen fest. Sie versuchen nun, die Türen mit Gewalt
zu öffnen; sie schlagen gegen diese, bis sie erschöpft sind. Ihre Lage
ist aber nicht hoffnungslos – wenn sie sich in die Mitte des Raumes
stellen, werden sie die Treppe sehen, die ins Freie führt.

Diese Menschen haben oft das Gefühl, daß alles festgefahren
ist. Ihre unlösbar scheinenden Probleme lähmen sie – bis sie sich
nach innen wenden und das eigene innere Zentrum entdecken und
bis sie fähig sind, einen spirituellen oder kreativen Bewußtseinszustand zu erreichen, der es ihnen erlaubt, sich über die irdischen
Konflikte zu erheben und das Leben mit Klarheit und Objektivität
zu betrachten. Diese Menschen sind aufgefordert, die Polaritäten
ihres Lebens zu untersuchen und scheinbar widersprüchliche Seiten der Erfahrung (die durch die Planeten, Zeichen und Häuser
der Oppositionen gekennzeichnet sind) in eine Synthese zu bringen. Das können sie tun, indem sie einen Zweck oder ein Ziel in
den Mittelpunkt stellen, das alle Teile ihres Wesens einbezieht.
Wer ein Großes Quadrat in seinem Horoskop hat, muß Energie
sammeln und nach außen bringen, um das angestrebte Ziel zu erreichen. Die Lektionen, die uns diese Konstellation lehren will,
sind Bewertung, Konzentration, Integration und sinnvoller Einsatz
von Energie.
Wenn du ein Großes Quadrat interpretierst, achte auf das Wesen
der beteiligten Planeten, auf deren Qualität sowie auf die Häuser,
in denen sie stehen. Der Schlüssel zum drängendsten Problem im
Hinblick auf das Bewußtsein oder die Aktivität liegt in dem exaktesten Aspekt der Konstellation. Hier muß eine Transformation
stattfinden, damit die Energien wirkungsvoll konzentriert werden

51

können. Schau auch auf das genaueste Trigon oder Sextil, das zu dem Großen Quadrat besteht – der Planet, der an diesem Trigon oder Sextil beteiligt ist, wird die Lebenssituation klären und die zersplitterten Energien bündeln helfen (auch das *Quintil* kann einen derartigen Einfluß ausüben).

Die Schwierigkeiten, die ein Großes Quadrat bringt, stehen mit der Qualität der Zeichen in Verbindung, in denen es sich befindet. Die Lösung der Konflikte kann nur unter Berücksichtigung der Qualität erfolgen. Diese gibt sowohl über die Begabungen der Person als auch über ihre Probleme Aufschluß.

Der Mensch mit einem *Großen Quadrat in kardinalen Zeichen* muß sich an Aktivitäten beteiligen, die für ihn persönlich von Bedeutung sind. Weil er jedoch dazu neigt, des Guten zuviel zu tun und sich leicht zersplittert, muß er – bevor er aktiv wird – zunächst lernen, seine Energien zu konzentrieren.

Bei einer Person mit einem *Großen Quadrat in fixen Zeichen* können wir vielleicht beobachten, wie sich langsam ein hohes Maß an innerer Spannung aufbaut, die aus unerfüllten Bedürfnissen und Wünschen stammt, welche sich dann schließlich in einer mächtigen und vielleicht selbstzerstörerischen Explosion entlädt. Dieser Mensch hat einen starken Willen und kann außerordentlich viel leisten – wenn er ein Ventil findet, über das er seine aufgestauten Energien ablassen kann.

Die Person mit einem *Großen Quadrat in veränderlichen Zeichen* ist wahrscheinlich so leicht von ihren Beziehungen und von äußeren Umständen zu beeinflussen, daß sie dazu neigt, sich wie ein Chamäleon seiner wechselnden Umgebung anzupassen. Dieser Mensch muß unbedingt seine Identität definieren – seine Bedürfnisse, Wünsche und Ziele. Er muß sich in seinen Handlungen selbst treu bleiben und sich gleichzeitig in einem Netzwerk befriedigender Beziehungen verankern.

A 7. Die Zeichen und die Beziehung von Sonne und Mond

In welcher Phase (evtl. Aspekt) stehen die beiden zueinander? Wenn es sich um einen Hauptaspekt handelt, ist das *besonders wichtig*.

Die Beziehung zwischen der Sonne und dem Mond steht für die Beziehung unserer Eltern. Sie verkörpert die Botschaft, die wir von ihnen im Hinblick auf unsere Rolle als Mann oder Frau sowie über das andere Geschlecht erhalten haben. Die Sonne/Mond-Beziehung gibt uns einen Hinweis darauf, ob wir unsere Verbindung zu anderen als angenehm oder eher als belastend empfinden und ob wir mit uns selbst in Harmonie leben. Außerdem kann sie uns zeigen, wie es in uns um den Zusammenhang zwischen Selbstbewußtsein, Ego und der emotionalen und instinktiven Natur bestellt ist.

Ein Hauptaspekt zwischen Sonne und Mond bedeutet einen machtvollen Energiefluß zwischen unserem Bewußtsein und den Gefühlen und emotional geprägten Verhaltensmustern. Ist kein wichtiger Aspekt vorhanden (wobei der Orbis bis auf zwölf Grad erweitert werden kann), gibt das Zusammenspiel zwischen den Zeichen und Häusern, in denen sich Sonne und Mond befinden, Aufschluß über unsere innere Dynamik.

Denke bei der Interpretation von Sonne/Mond-Aspekten daran, daß die Verbindung als schwach gilt, wenn bei einer Abweichung vom exakten Gradwert nicht die aspekttypischen Zeichen miteinander verbunden sind (wenn sich zum Beispiel ein Quadrat von 28 Grad Zwillinge zu 1 Grad Waage erstreckt). Weiterhin sind applikative Aspekte (wenn der Aspekt erst nach der Geburt exakt wird) stärker als separative (wenn der Aspekt bereits vor der Geburt exakt war).

Die Beziehung zwischen Sonne und Mond kann wie auf der folgenden Seite dargestellt, zusammengefaßt werden:

SONNE	MOND
der Vater und das Vater-prinzip; die Rolle der Männer in unserem Leben	die Mutter und das Mutter-prinzip; die Rolle der Frauen in unserem Leben
Ego; das Bewußtsein unserer eigenen Identität; das «Ich-bin»	Instinkte und Gefühle; wie wir Emotionen wahrneh-men; das «Ich-fühle»
Unabhängigkeit	emotionale Bedürfnisse und Abhängigkeiten
Selbstvertrauen, Stolz, Zen-triertheit; innere Stärke	emotionale Unsicherheit und Unentschlossenheit; Launenhaftigkeit
der Drang, uns und unsere Umgebung zu beherrschen; Willensstärke	die Neigung, uns unserer Umgebung anzupassen; Passivität
Egozentrik; der Drang, die eigenen Bedürfnisse zu be-friedigen	die Reaktion auf andere; das Bedürfnis, andere zu umsorgen
der Drang, Angestrebtes zu erreichen	der Drang, existenzielle Be-dürfnisse zu befriedigen
wie wir unsere Erfahrungen in die Gesamtheit unserer Wahrnehmungen integrie-ren	wie wir instinktiv reagieren und uns im Strom der Ge-wohnheiten und Stimmun-gen bewegen
wie weit wir uns unserer selbst bewußt sind	bis zu welchem Grad wir uns über uns selbst nicht im klaren sind
worauf wir hier und jetzt ausgerichtet sind	die Rolle unserer Erfahrun-gen und alten Verhaltens-weisen

Die wichtigsten Sonne/Mond-Aspekte

Konjunktion *(Neumond)*

«Neumond-Menschen» sind im allgemeinen selbständig und unabhängig. Sie sind mit sich selbst beschäftigt und akzeptieren sich, wie sie sind. Sie verfügen über ein stabiles Identitätsgefühl sowie über beträchtliche innere Stärke und sind in der Lage, ihre Energie zu konzentrieren und ihr Leben in die Hand zu nehmen. Diese Menschen können instinktiv und spontan handeln, wobei ihr bewußtes Wollen nur selten mit ihren emotionalen Reaktionen in Konflikt kommt. Sie sind sich ihrer Empfindungen bewußt und fühlen sich wohl mit diesen; sie finden oftmals alles, was sie brauchen, in sich selbst. Diese Subjektivität kann es ihnen allerdings schwermachen, Weitblick zu entwickeln oder die Erfahrungen anderer als ebenso wertvoll wie die eigenen anzusehen. Häufig konzentrieren diese Menschen ihre Aufmerksamkeit auf einen engen Interessensbereich (zum Beispiel auf das Zuhause und das Familienleben oder auf den Lebensbereich, der von dem Haus symbolisiert wird, in dem die Sonne/Mond-Konjunktion steht). Im allgemeinen erleben diese Menschen ihre Eltern als undifferenzierte Einheit, in der die beiden einander so nahe oder in ihren Rollen beziehungsweise in ihren Persönlichkeitsmerkmalen einander so ähnlich sind, daß sie beide auf eindeutige Weise dieselben Botschaften übermitteln.

Menschen mit einer Sonne/Mond-Konjunktion, die kurz *vor* Neumond geboren wurden (wenn die Sonne kurz vor dem Tierkreisgrad des Mondes steht), werden von Dane Rudhyar als «Heiler» bezeichnet. Oftmals sind diese sich ihrer persönlichen Bestimmung oder Aufgabe bewußt. Sie widmen sich dann einem Ziel, das ihnen wichtiger als die eigene Person ist.

Quadrat *(erstes oder letztes Mondviertel)*

Diese Menschen erfahren einen hohen Grad an innerer Spannung, weil ihr Identitätsgefühl und ihr Wille nicht mit den Gefühlen, Instinkten und Verhaltensmustern übereinstimmen. Es fällt ihnen schwer, sich ihre Empfindungen einzugestehen. Ihre Reaktionen auf die Umgebung behindern die Erfüllung ihrer Wünsche, und die Ziele, die sie anstreben, bieten ihnen, wenn sie erreicht werden, keine emotionale Befriedigung. Der enorme Streß, dem diese Menschen ihr ganzes Leben lang unterliegen, kann zu inneren Krankheiten und zum Beispiel auch zu Verdauungsproblemen führen. Allerdings wissen sie auch, daß diese innere Spannung eine starke Quelle der Motivation ist. Nur wenige Menschen kämpfen so hart darum, in ihren Aktivitäten Erfüllung zu finden wie diejenigen mit einem Sonne/Mond-Quadrat. Diese Person muß es sich selbst beweisen, daß sie fähig ist, alle Hindernisse auf dem Weg zum Glück zu überwinden.

Menschen, in deren Horoskop ein Sonne/Mond-Quadrat vorhanden ist, erfahren viele Widersprüche in sich selbst. Sie haben die gegensätzlichen Verhaltensmuster ihrer Eltern verinnerlicht, die miteinander uneins waren und deren ehelichen Schwierigkeiten vielleicht sogar zur Scheidung führten. Als Folge davon besteht kein Vorbild, wie befriedigende Beziehungen im eigenen Leben ablaufen könnten. Wahrscheinlich fand eine Identifikation mit dem einen Elternteil sowie eine Schuldzuweisung an den anderen statt. Das wird dann dazu führen, daß im Erwachsenenalter Beziehungen mit negativen Erwartungen angeknüpft werden – und möglicherweise wird unbewußt genau jener Konflikt hervorgerufen, der unbedingt vermieden werden sollte.

Wenn das Liebes- und Familienleben dieser Menschen auch nicht leicht ist, verfügen sie doch über die nötige Energie, um die Probleme im zwischenmenschlichen Bereich zu überwinden. Die Aufgabe besteht hier darin, standhaft zu bleiben, aus Fehlern zu lernen sowie für die frustrierten Energien ein konstruktives Betätigungsfeld zu suchen. Für diese Menschen gilt es, auf ihre Empfindungen zu achten – diese müssen mit der bewußten Wahrnehmung zusammengebracht werden. Gelingt dies, können Beziehungen eingegangen werden, die keine Bedrohung für das Ego darstellen und die die Nähe versprechen, die so ersehnt wird.

Trigon oder Sextil

Menschen mit einem Trigon oder einem Sextil zwischen Sonne und Mond befinden sich im Einklang mit sich selbst, was heißt, daß sie sich so akzeptieren, wie sie sind. Sie wissen, was sie brauchen; sie setzen ihre emotionale Energie und ihre Verhaltensmuster ein, um sich ihre Wünsche zu erfüllen. Diesen Menschen fällt es leicht, ihre Empfindungen wahrzunehmen und zum Ausdruck zu bringen. Sie verfügen über große Vitalität und besitzen oftmals kreative Begabungen. Für gewöhnlich gut angepaßt und in Harmonie mit der Umgebung lebend, sind sie in der Lage, sich ihr Identitätsgefühl zu bewahren und ihre Bedürfnisse zu befriedigen.

Im allgemeinen erleben diese Menschen die Beziehung zwischen ihren Eltern als harmonisch. Durch ihre Fähigkeit, zu beiden Elternteilen eine gute Beziehung herzustellen, entwickeln sie schon früh eine gewisse Leichtigkeit im Umgang mit anderen. Zu Erwachsenen geworden, hilft ihnen das, harmonische Beziehungen anzuknüpfen. Es bedeutet ihnen viel, Teil einer Familie zu sein – in den meisten Fällen besteht der ausgeprägte Wunsch, selbst eine Familie zu gründen, die die gleiche emotionale Stärkung bieten soll, wie sie in der eigenen Kindheit erlebt wurde.

Opposition *(Vollmond)*

«Vollmond-Menschen» haben – wie die Personen mit dem Sonne/Mond-Quadrat auch – Schwierigkeiten mit ihrer Instinkt- und Gefühlsnatur. Während das Quadrat aber Aktivität erfordert, muß die Spannung bei der Opposition im Bereich der persönlichen Beziehungen verarbeitet werden, was einen Bewußtseinswandel zur Folge haben kann.

Im allgemeinen kommt es immer wieder zu extremen Wechseln zwischen Antriebslosigkeit und eruptiven Energie- und Gefühlsausbrüchen, einhergehend mit einem fortwährenden Zustand des Suchens und der Unschlüssigkeit. Daraus resultiert schließlich der Zwang zur Mäßigung und zum Kompromiß – sowohl, was die ambivalenten Gefühle und Wünsche als auch die Beziehungen betrifft. Das Bewußtsein der inneren Spaltung wird erlebt als ein Zug in zwei Richtungen – als Konflikt zwischen dem, was dieser Mensch sein *möchte,* und dem, was er glaubt, sein zu *müssen.* Oftmals besteht das Gefühl, von der inneren Energiequelle getrennt und von den Mitmenschen isoliert zu sein. Versuchen diese Menschen in ihrem bewußten Streben, sich die Wünsche, die ihre Sonne symbolisiert, zu erfüllen, machen sie die Entdeckung, daß diese den instinktiven Mond-Reaktionen vollständig entgegengesetzt sind. Wenn sie auf der anderen Seite versuchen, die Bedürfnisse ihres Mondes zu erfüllen, fühlt sich ihre Sonne (das Ego) bedroht. Das Ego kann den Wert dieser Bedürfnisse nicht anerkennen, weil diese nichts mit dem Identitätsbewußtsein und der Selbsteinschätzung zu tun haben.

Die Spannung dieser inneren Polarität kann die Lebenskraft beeinträchtigen. Sie kann aber auch zur Objektivität führen und zum Gewahrwerden der Vieldeutigkeit des Seins sowie der möglichen Alternativen. Es besteht hier die Gelegenheit, die Sonne/Mond-Qualitäten in eine Synthese zu bringen. Dieser Mensch hat die Chance, einen neuen und ganz persönlichen Weg zu finden, beide Energien auf eine integrierte und harmonische Weise zum Ausdruck zu bringen.

Zu einer wirksamen Synthese der Sonne/Mond-Opposition kann es im allgemeinen erst dann kommen, wenn der Mensch sich der Leere gestellt hat, die er in seinem Leben erfährt, und seine Energie mobilisiert, um den Sinn zu finden, der über die irdischen Probleme hinausgeht. Die Intensität dieses Strebens kann Gipfelerfahrungen bedeuten, die möglicherweise von einer Vision oder einem als schicksalhaft empfundenen Lebensauftrag begleitet sind. Der Mensch widmet sich dann vielleicht einem Ideal, das durch eine «Offenbarung» mit einer Bedeutung erfüllt wurde, und versucht dieses im Rahmen seines Lebens deutlich werden zu lassen.

«Vollmond-Menschen» wachsen häufig in Familien auf, in denen die Eltern getrennt leben. Oft verkörpern diese auch sehr widersprüchliche Persönlichkeiten, die einander zwar ergänzen, aber doch wenig gemein haben. Als Folge davon haben diese Menschen dann zwei außerordentlich unterschiedliche Verhaltensmuster kennengelernt. Oftmals identifizieren sie sich mit dem einen und ziehen Menschen an, welche das andere zum Ausdruck bringen. Diese Neigung bedeutet ganz allgemein, daß der «Vollmond-Mensch» einen Teil seiner eigenen psychischen Polarität auf eine andere Person projiziert, wobei er sich uneins mit anderen fühlt. Das wird solange dauern, bis er die Eigenschaften, die er nach außen projiziert, in sich selbst anerkennt und eine wirksame Synthese zwischen seiner Sonne und seinem Mond entwickelt. Beziehungen, in denen diese Projektionen auftreten, stellen den Kontakt zu jenen Teilen des Wesens her, die zuvor verleugnet wurden. Das kann diesem Menschen helfen, diese Teile anzunehmen, was möglicherweise dem unbefriedigenden Drama ein Ende macht, das in ständig wechselnder Besetzung durchgespielt wurde.

Andere Sonne/Mond-Beziehungen

Wenn es keinen Hauptaspekt zwischen Sonne und Mond gibt, so ist vielleicht ein Nebenaspekt vorhanden, der die Beziehung beschreibt. Trifft auch dies nicht zu, kann ein Planet, der sowohl zur Sonne als auch zum Mond im Aspekt steht, als Mittler zwischen dem bewußten Ich und den teilweise unbewußten emotionalen und instinktiven Mustern dienen.

Ist in einem Horoskop zwischen Sonne und Mond weder ein Haupt- oder Nebenaspekt noch ein Planet vorhanden, der beide aspektiert, dürften bei der bewußten Anerkennung und Integration der emotionalen Bedürfnisse und Verhaltensmuster noch größere Schwierigkeiten als beim Quadrat- oder Oppositions-Aspekt bestehen. Transite und Progressionen zu Sonne und Mond werden dann bei der Integration und bei der Erfüllung der Bedürfnisse dieser beiden Persönlichkeitsteile eine helfende Rolle einnehmen.

Die Beziehung zwischen Sonne und Mond im Horoskop kann anhand der Aspekte oder auch aufgrund der *Phase des Sonne/Mond-Zyklus* interpretiert werden. Die kraftvollsten Aspekte und Phasen stimmen dabei in ihrer Bedeutung überein – sie wurden auf den vorhergehenden Seiten behandelt. Wenn du dich auch für die anderen Phasen der Sonne/Mond-Beziehung interessierst, kannst du in diesen Büchern weiterlesen: Dane und Leyla Rudhyar, *Astrologische Aspekte* (Verlag Hier & Jetzt); Dane Rudhyar, *Der Sonne/Mond-Zyklus* (Edition Astrodata); Busteed, Tiffany und

Wergin, *Phases of the Moon.* Diese drei Bücher sind für das grundlegende Verständnis des Horoskops nicht unbedingt erforderlich, enthalten aber doch viel interessantes Material.

A 8. Der Aszendent und das MC

Das Aszendenten-Zeichen ist ebenfalls *besonders wichtig.*

Das Zeichen des Aszendenten, das Zeichen, in dem sich dessen Herrscher befindet sowie ein Planet am Aszendeten geben uns Hinweise auf die äußere Erscheinung eines Menschen – auf den Körperbau, die Art, sich zu kleiden sowie das Verhalten. Die Ausdrucksweise *aller* Planeten des Horoskops wird durch den Aszendenten beziehungsweise das aufsteigende Zeichen gefiltert oder gefärbt, weil es sich hier um den Punkt handelt, über den alle Energien des Horoskops zum Ausdruck kommen und für andere sichtbar werden. Oftmals bleibt der Mensch sein ganzes Leben lang der traditionellen Bedeutung seines Aszendenten verhaftet – während er eigentlich doch dessen höhere Entsprechung anstreben sollte. Diese höhere Entsprechung weist uns den Weg zur Entwicklung und zur Suche nach unserem wahren Ziel, das wir mit Hilfe der Energien von Sonne, Mond und den anderen Planeten erreichen möchten.

Das *Sabische Symbol* für den Grad unseres Aszendenten ist sehr häufig ein bedeutungsvolles Bild. Es kann uns zeigen, wonach wir – in Übereinstimmung mit dem Aszendenten – streben. Wir können die Sabischen Symbole übrigens auch zur Geburtszeit-Korrektur anwenden, indem wir deren Bedeutung für die Tierkreisgrade um unseren Aszendenten herum studieren. Auf diese Art läßt sich möglicherweise feststellen, ob die Geburtszeit, mit der wir arbeiten, stimmt.

Das MC (die Himmelsmitte) des Horoskops zeigt, welche berufliche Tätigkeit uns voraussichtlich Erfüllung geben wird. Sie weist darauf hin, wie es um unser Leistungs-, Erfolgs- und Statusstreben bestellt ist. Das MC spiegelt den Einfluß unseres Vaters (beziehungsweise des Elternteils, der im Hinblick auf die Gesellschaft von größerer Bedeutung für uns ist) sowie den von Autoritätspersonen überhaupt wider. Die Beziehung zur Gesellschaft im allgemeinen, unser Streben nach Anerkennung und Zugehörigkeit, die Ausrichtung auf die konkreten Ziele sowie Erfolg oder Scheitern in der Öffentlichkeit – all das kommt durch das MC zum Ausdruck: durch dessen Zeichen und die Stellung seines Herrschers im Hinblick auf dessen Zeichen, Haus und Aspekte. Das MC verkörpert unsere öffentlichen oder beruflichen Ambitionen – weniger unsere Einstellung zu den persönlichen und zwischenmenschlichen Beziehungen. Auch hier können wir oft in dem *Sabischen Symbol* den Schlüssel für die Art und Weise sehen, wie es sich im Leben manifestiert.

A 9. Rückläufige Planeten

Besonders *wichtig*, falls es mehr als 3 oder keinen einzigen gibt.

Rückläufige Planeten stehen für Facetten der Persönlichkeit, die auf eine nach innen gerichtete, indirekte, unbewußte und gehemmte Weise arbeiten. Sie weisen meistens auf Energien hin, die wir in jungen Jahren nicht auszudrücken wagten. Wir müssen sie deshalb dann später, wenn es an der Zeit ist, auf ganz persönliche Art und Weise entwickeln.

Die meisten Menschen haben zwei oder drei rückläufige Planeten in ihrem Horoskop. Es ist selten – allerdings nicht unmöglich –, daß vier, ein oder kein rückläufiger Planet vorhanden ist. Menschen ohne rückläufige Planeten im Horoskop entwickeln die meisten wichtigen Fähigkeiten bereits in jungen Jahren; sie verspüren den Druck, ihre Psyche zu erforschen, zumeist erst dann, wenn einer der Planeten in der Progression rückläufig wird. Menschen mit vier oder noch mehr rückläufigen Planeten fühlen sich für gewöhnlich isoliert; ihnen fällt es oft schwer, ihren Platz in der Welt zu finden. Sie wenden sich schon in jungen Jahren dem inneren Leben zu und haben das Bedürfnis, für sich allein ein Wertesystem, eine Lebensphilosophie oder ein Lebensziel zu definieren. Diese Menschen sind sehr komplex, nachdenklich und individualistisch. Es ist für sie notwendig, daß sie ihren eigenen Weg gehen und ihre Maßstäbe selbst festlegen – auch um den Preis von Isolation oder Außenseitertum.

Rückläufige Planeten bedeuten häufig Regression, psychische Hemmung und Zurückgezogenheit. Daneben besteht aber auch ein beträchtliches konstruktives Potential im Hinblick auf Selbsterkenntnis, selbstbestimmtes Handeln und Offenheit für unbewußte und überbewußte Energie. Wer mit Sekundär-Progressionen arbeitet, sollte darauf achten, ob rückläufige Planeten des Geburtshoroskops in der Progression direktläufig oder ob direktläufige Planeten rückläufig wurden. Solche Wechsel haben auf die Persönlichkeit einen starken Einfluß.

Schlüsselwörter für die einzelnen Planeten

Merkur	*kontemplatives, nach innen gerichtetes Denken*
rückläufig	*selbstkritisch; die eigene Person in Frage stellen*
	Sensibilität für psychologische Feinheiten
	geistesabwesend, nicht an das Äußere angepaßt
	literarische Interessen oder Fähigkeiten
	lernt durch Absorption
	ist sich im Gespräch beziehungsweise in der Kommunikation seiner selbst bewußt
	genießt die eigene Gesellschaft, kann belanglosen Gesprächen oder Alltagskontakten wenig abgewinnen
	hat Schwierigkeiten, seine Wahrnehmungen in Worte zu kleiden und mit anderen in Kontakt zu kommen
	fühlt sich von anderen isoliert und mißverstanden
Venus	*eigenes soziales und ästhetisches Wertempfinden*
rückläufig	*zeigt keine Gefühle; hat Schwierigkeiten, Zuneigung zum Ausdruck zu bringen*
	liebt sich selbst; von narzistischer Wesensart
	hat Angst vor Liebe und Intimität
	sehnt sich nach der «vollkommenen» Liebe; unrealistische Ideale
	entwickelt eigenes Wertsystem
	fühlt sich in Gesellschaft nicht wohl, lehnt gesellschaftliche Spielregeln ab, zieht sich zurück

besitzt Schönheitssinn und ästhetische Begabung
nicht auf das Konkrete fixiert
neigt zu unkonventionellen Beziehungen

Mars
rückläufig

wenig Initiative, gebremste Aktivität
nicht auf Konkurrenz eingestellt; mißt sich nur an
sich selbst
erforscht die Psyche; auf das Innere ausgerichtet
einsames oder unkonventionelles Handeln
unterdrückt Ärger und explodiert dann von Zeit zu Zeit
aggressiv auf «passive» oder auch selbstzerstöre-
rische Weise
kämpft ständig gegen sich selbst; zieht Aggressio-
nen auf sich
zweifelt an den eigenen Fähigkeiten; risikoscheu
abwechselnd aktiv oder apathisch
sexuell gehemmt

Jupiter
rückläufig

von philosophischer und nachdenklicher Wesensart,
in psychologischer Hinsicht anpassungsfähig und
aufgeschlossen
nach außen zurückhaltend, im Inneren expansiv
lebt gemäß seiner inneren Ziele und Absichten
folgt den eigenen Richtlinien
nicht materialistisch eingestellt – sucht Reichtum
im Inneren
entwickelt eigene Überzeugungen und einen eige-
nen Standpunkt
schwankt zwischen allzu großem Optimistismus
und Pessimismus
expandiert nach innen – neigt dazu, sich die Dinge
«einzuverleiben» (evtl. Gewichtszunahme)
lebt zurückgezogen – ist sich selbst genug
lehnt die überlieferten Glaubenssysteme ab

Saturn
rückläufig

innere Kraft und Ausdauer
Widerstand gegen persönliche Veränderungen –
mitunter bis zur Starrsinnigkeit

63

*außerordentlich starke Selbstbeherrschung und
Selbstverleugnung
verlangt viel von sich selbst; stellt sich immer wieder auf die Probe, um sich selbst zu besiegen
leidet an Selbstzweifeln und Minderwertigkeitsge-
fühlen
Neigung zu Selbstkritik; Tendenz zu Negativität
und Niedergeschlagenheit
wenig Ambitionen, zweifelt am eigenen Erfolg, negative Erwartungshaltung
bevorzugt es, für sich allein zu arbeiten
wird aus eigenem Antrieb heraus tätig; beharrlich
Probleme im Umgang mit Autoritäten; schwache
Vaterfigur
abwechselnd hinter Schutzpanzer versteckt oder
vollständig schutzlos*

**Uranus
rückläufig**

*nur scheinbar gesellschaftlich angepaßt
empfindet sich als von der Gesellschaft isoliert
psychologische Interessen; progressives Denken
rebelliert im Inneren, lehnt sich gegen sich selbst
auf
hochentwickelte Intuition; viel Originalität und
Einfallsreichtum
fähig, die innere Stimme zu vernehmen
muß innerlich frei sein, um seinen Weg zu gehen
ein hohes Maß an nervöser Spannung und innerer
Erregung
unternimmt Veränderungen um der Veränderung
willen*

**Neptun
rückläufig**

*lebhafte Phantasie, kreative Neigungen
hat Schwierigkeiten, Inspirationen in die Tat umzusetzen
lebt in einer Traumwelt; neigt zu Fluchttendenzen
betrügt sich selbst; kann sich in seinem inneren
Chaos verlieren
fähig, sich einem Ideal hinzugeben*

psychisch und physisch übersensibel
aufopferungsvolle und märtyrerhafte Veranlagung
braucht Zeiten ruhiger und meditativer Einkehr

Pluto
rückläufig

unterdrücktes Verlangen und unterdrückte Wut
von Zeit zu Zeit explosive Ausbrüche
Neigung zu gesellschaftsfeindlichem und unange-
paßtem Verhalten
selbstzerstörerisch; lenkt seine Energie nach innen
in Gefahr, den Kontakt mit den eigenen Tiefen zu
verlieren
im allgemeinen mutiger Erforscher der Psyche
zu tiefen psychischen Einsichten fähig
in sich gekehrt, isoliert; zurückgezogen
von Zwängen bestimmtes Verhalten
erlebt Zustände machtvoller Transformation
hat Ausdauer; verfügt unter Streß über beträchtli-
che Kraftreserven
gutes Regenerationsvermögen

Nähere Informationen über rückläufige Planeten im allgemeinen
sowie die Bedeutung der einzelnen rückläufigen Planeten im besonderen sind zu finden in: Bil Tierney, *Dynamik der Aspektana-*
lyse (Verlag Hugendubel) und in: Dane und Leyla Rudhyar, *Astro-*
logische Aspekte (Verlag Hier & Jetzt).

Die Planeten

Die Planeten beeinflussen jeden Menschen auf unterschiedliche Weise. Planeten, die in einem Horoskop eine vorherrschende Stellung einnehmen, müssen intensiv untersucht werden – intensiver als diejenigen, die schwächer gestellt oder vielleicht nur an unbedeutenden Aspekten beteiligt sind. Auf der anderen Seite kann eine sehr schwache Stellung im Horoskop schon wieder eine wichtige Information darstellen.

B 1. Die Sonne

Es ist *besonders wichtig*, in welchem Zeichen und in welchem Haus sie steht.

Die Bedeutung der Sonne im Zusammenhang mit ihrer Beziehung zum Mond wurde bereits unter Punkt A 7. behandelt. Das Zentrum unseres Bewußtseins darstellend, zeigt uns die Sonne im Horoskop, wie wir die Vielzahl unserer Erfahrungen in eine Gesamtform der Erkenntnis integrieren. Als unsere Haupt-Energiequelle bringt sie zum Ausdruck, auf welche Weise wir vorgehen, um zur Erfüllung und zur Befriedigung unserer Wünsche zu gelangen. Die Sonne verkörpert unser Ego sowie das bewußte Wahrnehmen unserer Identität. Ihre Position im Horoskop verdeutlicht, welche Art von Erfahrungen unsere Persönlichkeit und unseren Stolz stärken und was wir tun können, um Anerkennung zu erlangen. Im Horoskop einer Frau verkörpert die Sonne auch die *Animus-Funktion* –

67

ihr Bild vom Männlichen, das sie sowohl durch sich selbst zum Ausdruck bringen als auch durch ihren Vater oder andere Männer in ihrem Leben erfahren kann.

Das *Sonnenzeichen* zeigt, auf welche Art und Weise wir vorgehen, um uns authentisch darzustellen und zu entwickeln, um Erfüllung zu finden und unser Umfeld unseren Vorstellungen gemäß zu gestalten.

Die *Sonnenhaus* verdeutlicht, in welchem Lebensbereich wir die solare Energie gemäß dem, wofür sie steht, zum Ausdruck bringen.

Aspekte zur Sonne geben Aufschluß über die Stärke des Egos und darüber, welche Chancen oder Hindernisse vorhanden sind, die fundamentalen Bedürfnisse zu befriedigen und unser Leben nach unseren Vorstellungen zu gestalten.

B 2. Der Mond

Es ist *besonders wichtig,* in welchem Zeichen und in welchem Haus er steht.

Die Bedeutung des Mondes in seiner Beziehung zur Sonne wurde unter Punkt A 7. behandelt. Der Mond stellt die emotionale Energie dar, welche das bewußte Streben der Sonne unterstützt oder behindert. Er zeigt unsere instinktive Reaktion auf die Umgebung sowie unsere persönlichen emotionalen Bedürfnisse; er verkörpert unseren Wunsch, für jemanden zu sorgen oder selbst umsorgt zu werden. Als weibliches Prinzip symbolisiert der Mond das Mutterbild in uns – in Entsprechung dazu, wie wir unsere Mutter (beziehungsweise den Vater, wenn dieser der fürsorglichere Elternteil war) sowie andere wichtige Frauen in unserem Leben wahrgenommen haben. Im Horoskop einer *Frau* zeigt der Mond, wie sie sich in ihrer Rolle als Frau und/oder Mutter erlebt; er ist oft genauso wichtig für die Identitätsbestimmung wie die Sonne. Im Horoskop des *Mannes* ist der Mond der wichtigste Hinweis auf die Art von Frau, mit der emotionale Befriedigung erlebt werden kann.

Die *Mondzeichen* beschreibt, auf welche Weise wir im allgemeinen auf andere Menschen und Situationen reagieren und wie wir
unsere Gefühle erleben und emotionale Erfüllung suchen.

Das *Mondhaus* entspricht dem Lebensbereich, in dem wir uns am
wenigsten bewußt verhalten. Hier handeln wir gemäß der Verhaltensmuster, die aus der Vergangenheit stammen, auf mehr oder
weniger instinktive Weise. Die Aufgabe besteht darin, unsere
Empfindungen in diesem Lebensbereich auch wirklich wahrzunehmen. Wir müssen hier emotionale Arbeit verrichten, indem wir für
uns selbst und für andere Menschen sorgen und versuchen, einen
sicheren Stützpunkt für uns zu schaffen.

Aspekte zum Mond weisen darauf hin, ob unsere Empfindungen
und Gewohnheitsmuster uns Probleme bereiten oder eine Quelle
der Freude sind. Es geht darum, ob wir imstande sind, auf andere
zu reagieren, und ob wir unsere emotionalen Bedürfnisse akzeptieren und erfüllen können.

B 3. Der Herrscher der Sonne

In welchem Zeichen und Haus steht der Planet, der das Sonnenzeichen regiert?

Der Herrscher des Sonnenzeichens ist ein wichtiger Horoskop-
Faktor, weil er zum Ausdruck bringt, *auf welche Weise* (Zeichen)
und *in welchem Lebensbereich* (Haus) wir die Energien der Sonne
einsetzen.

B 4. Der Herrscher des Aszendenten

In welchem Zeichen und Haus steht der Planet, der das Aszendentenzeichen beherrscht?

Gibt es im Horoskop keinen Planeten am Aszendenten, ist der Aszendentenherrscher mit seinem Zeichen und Haus der Schlüssel

zur physischen Erscheinung, zum allgemeinen körperlichen Zustand und zu unseren auffälligsten persönlichen Eigenschaften. Wie das Aszendenten- und das Sonnenzeichen auch steht der Herrscher des Aszendenten mit unserem bewußten Identitätsgefühl in Verbindung. Auf der höheren Ebene weist er uns den Weg, der uns die Erfüllung jener Bestrebungen bringen kann, die durch das Zeichen des Aszendenten angezeigt werden.

B 5. Planeten im eigenen Zeichen

Wenn vorhanden, ist das *besonders wichtig.*

Ein Planet im eigenen Zeichen (insbesondere ein innerer Planet) hat einen intensiven Einfluß auf das Horoskop. Da in diesem Falle eine so starke Wirkung gegeben ist, sind sowohl Planet als auch das Zeichen betont. Was die Ausgewogenheit der Persönlichkeit betrifft, ist dies nicht unbedingt die «günstigste» Plazierung – es können leicht extreme Auswirkungen auftreten. Merkur im Zeichen Zwillinge zum Beispiel bedeutet beträchtliche verbale Fähigkeiten, Wissensdurst und vielerlei Fähigkeiten, daneben aber auch Nervosität, Rastlosigkeit, Geschwätzigkeit oder Oberflächlichkeit.

Weil ein Planet in seinem eigenen Zeichen so stark ist, hat er wahrscheinlich einen Einfluß auf die Berufswahl und die Art und Weise, wie wir diesen Beruf ausüben. Denk in diesem Zusammenhang beispielsweise an Bob Dylans Zwillings-Merkur, an Ingrid Bergmans Waage-Venus oder Moshe Dayans Widder-Mars.

B 6. Planeten im eigenen Haus

Wenn vorhanden, ist das *besonders wichtig.*

Ein Planet im eigenen Haus ist beinahe so bedeutungsvoll wie ein Planet im eigenen Zeichen – er ist in diesem Fall «zu Hause», in dem Lebensbereich, in dem er am besten zum Ausdruck kommt. Eine beruflich ehrgeizige, erfolgsorientierte Persönlichkeit, ein wissensdurstiger Student an der Universität, ein physisch aktiver,

70

kämpferischer Mensch auf dem Fußballplatz – das sind die Entsprechungen zum «Zuhause» von Saturn im 10., von Jupiter im 9. und von Mars im 1. Haus. Befindet sich ein Planet nicht nur im eigenen Zeichen, sondern auch im eigenen Haus (zum Beispiel Venus im Stier im 2. Haus), oder steht ein Planet in seinem Haus an einem Eckpunkt des Horoskops (zum Beispiel der Mond am IC), ist eine außerordentlich starke Stellung gegeben.

B 7. Planeten am Aszendenten

Es ist *besonders wichtig*, wenn ein Planet weniger als 2 Grad vor oder 6 Grad hinter dem Aszendenten steht.

Ein aufsteigender Planet im Horoskop ähnelt in seiner Auswirkung dem Aszendentenherrscher, ist aber, weil er an einem Eckpunkt des Horoskops steht, als noch bedeutungsvoller anzusehen als dieser. Er beeinflußt nicht nur das physische Erscheinungsbild und die Gesundheit, sondern trägt auch – mindestens soviel wie die Sonne – zum Identitätsgefühl, dem Gefühl des «Ich-bin», bei, das der Ursprung unserer Ich-Stärke und unseres Stolzes ist. Da der Aszendent die «Schnittstelle» des Horoskops ist (der Punkt, an dem wir mit der Außenwelt in Kontakt treten und uns zum Ausdruck bringen), bietet uns der Planet am Aszendenten einen Kanal für unsere Selbstdarstellung; er zeigt uns, wie wir auf unsere Umgebung einen nachhaltigen Eindruck machen können.

B 8. Planeten am MC

Es ist *besonders wichtig*, wenn ein Planet weniger als 2 Grad vor oder 6 Grad hinter dem MC steht.

Ein Planet an unserem MC beziehungsweise der Himmelsmitte hat einen alles überragenden Einfluß auf unser Lebensziel und unsere Leistungsbereitschaft, auf unseren Beruf sowie unsere öffentlichen Aktivitäten. Je näher der Planet dem MC steht, desto wahrscheinlicher ist es, daß wir in einem Bereich Erfolg haben

71

werden, der mit dem Gebrauch der betreffenden planetarischen Energie in Beziehung steht. Der Orbis für die Konjunktion mit dem MC sollte, wenn sich der Planet im 10. Haus befindet, größer gewählt werden als bei einer Stellung im 9. Haus. Der Grund hierfür liegt darin, daß das 9. Haus mehr mit dem Drang zu forschen und zu verstehen verbunden ist als mit dem Verlangen nach öffentlicher Bewährung und Anerkennung.

Betrachten wir die Bevölkerung in ihrer Gesamtheit, ist nur bei weniger als 5,5% (entsprechend einem Achtzehntel) zu erwarten, daß ein Planet genau am MC steht (bei einem Orbis von einem Grad). In Janskys *Horoscopes Here and Now*, einer Sammlung der Horoskope von 100 berühmten Menschen des 20. Jahrhunderts, haben 13% (fast ein Achtel) einen Planeten an dieser Position. Judy Garlands Uranus, John Lennons Pluto, Helen Kellers Uranus – all diese Planeten stehen genau am MC.

B 9. Planeten am IC (Imum Coeli)

Ein Planet weniger als 1 Grad vor oder 2 Grad hinter dem IC ist *besonders wichtig*.

Ein Planet am IC (am Imum Coeli beziehungsweise am Mitternachtspunkt) zeigt an, daß ein direkter Zugang zum Unbewußten und zu den frühen Erfahrungen sowie ein überwältigendes Bedürfnis nach emotionaler Sicherheit vorhanden ist. Der Planet verdeutlicht, in welcher Form dieses Sicherheitsbedürfnis (das unbedingt befriedigt werden mußt) in Erscheinung tritt. Die betreffenden planetarischen Energien kommen im Rahmen unseres Privatlebens zum Ausdruck, zum Beispiel durch Gespräche im Familienkreis, durch die Art und Weise, wie wir unser Zuhause gestalten sowie durch die Aktivitäten, denen wir in unserem Haus oder in der Wohnung eines Freundes nachgehen.

Ein Planet am IC ist für Menschen, die uns nur oberflächlich kennen, nicht oder kaum wahrzunehmen; nichtsdestotrotz hat er einen großen Einfluß. Er zeigt, ob wir uns in uns selbst wohlfühlen und ob wir in unserer Umgebung verwurzelt sind. Er sagt auch etwas aus über die Rolle unserer Mutter beziehungsweise des Elternteils, der uns umsorgt hat; er beschreibt unsere Erbanlagen und Kindheit. Da ein Planet am IC oftmals ein Kanal ist, über den wir Zugang zum Kollektiven Unbewußten sowie zu Erfahrungen aus früheren Leben haben, kann er unser inneres Wesen nachhaltig bereichern. Er trägt auch dazu bei, daß wir über die psychische Energie verfügen, die alle anderen Teile unseres Wesens nährt.

B 10. Planeten am Deszendenten

Ein Planet weniger als 1 Grad vor oder 2 Grad hinter dem Deszendenten ist *besonders wichtig*.

Ein Planet am Deszendenten kennzeichnet ein überdurchschnittliches Bedürfnis nach persönlichen Beziehungen, nicht nur im Hinblick auf die Liebe, sondern auf Freundschaften und berufliche Kontakte überhaupt. Der Planet und das Zeichen, in dem er steht, zeigen, welche unserer Eigenschaften wir selbst nicht oder nur unter Schwierigkeiten erkennen. Wir neigen dazu, diese bei den Menschen zu suchen, mit denen wir am engsten verbunden sind. Wir suchen Kontakt zu denjenigen Menschen, die diese planetarische Energie zum Ausdruck bringen, oder wir engagieren uns in Beziehungen, die von dieser Form von Energie geprägt sind. Durch diese Art der Interaktion können wir lernen, den verleugneten und nach außen projizierten Teil von uns anzuerkennen und so positiv wie möglich auszuleben.

B 11. Stationäre Planeten

Wenn vorhanden, ist das *besonders wichtig*.

Ein Planet gilt dann als stationär, wenn seine Geschwindigkeit weniger als ein Zehntel der normalen Bewegung beträgt und den Ephemeriden zu entnehmen ist, daß er innerhalb der nächsten Tage wieder rück- oder direktläufig wird. Ein äußerer Planet, der stationär geworden ist, verharrt über eine Woche auf der gleichen Minute eines Tierkeisgrades; für einen inneren Planeten beträgt dieser Zeitraum weniger als 24 Stunden.

Ein stationärer Planet zeigt einen Punkt der Kraft oder der konzentrierten Energie an, der durch seine dominierende oder zwanghafte Natur alle anderen Horoskop-Faktoren beherrschen kann. Es besteht die Gefahr, daß dieser Planet ohne jede Kontrolle oder auf alles andere unterdrückende Weise zum Ausdruck gebracht wird, oder daß der Mensch in einem bestimmten Verhaltensmuster steckenbleibt – auf Kosten der Befriedigung anderer Teile der Persönlichkeit. Andererseits kann diese konzentrierte Energie auch dazu benutzt werden, um in dem Haus, in dem der Planet steht, etwas Besonderes zu erreichen.

C. G. Jung hatte einen stationären Mars im Zeichen Schütze im 11. Haus – er widmete sein Leben der Erforschung der Kollektiv-Seele. In meinem Horoskop ist der Jungfrau-Merkur im 9. Haus stationär, und er steht in Konjunktion zu Venus und Saturn. Ich fühle mich wie besessen von der Aufgabe, meine astrologischen und psychologischen Erkenntnisse bis ins Detail zu systematisieren und zu klären, niederzuschreiben und zu veröffentlichen. Für mich ist es unbedingt erforderlich, die Kunst der Synthese zur Anwendung zu bringen – nur so kann ich mich selbst weiterentwickeln. Wenn ich das nicht täte, würde ich der Sklave der Vielzahl der Horoskop-Faktoren bleiben.

B 12. Der Endherrscher (Dispositor)

Gibt es einen Planeten, der über die Dominantenverkettung über alle anderen Planeten herrscht?

Der Endherrscher oder auch Dispositor ist ein Planet, der in seinem eigenen Zeichen steht und die anderen Planeten des Horoskops beherrscht. Befinden sich *zwei* Planeten in ihrem eigenen Zeichen oder besteht eine Rezeption (Planet A im Zeichen von Planet B und umgekehrt), kann es keinen Endherrscher geben. Wenn jedoch zwei Planeten, die in Rezeption zueinander stehen, über alle anderen acht Planeten des Horoskops herrschen, kann man von «Rezeptions-Herrschern» sprechen. (Nähere Informationen über die Rezeption findest du unter Punkt C 7.) Ein Planet im eigenen Zeichen ist als noch stärker einzuschätzen, wenn er zugleich der Endherrscher ist.

Um festzustellen, ob es in einem Horoskop einen Endherrscher gibt, fängst du bei irgendeinem Planeten an und suchst dann den Planeten, der über das Zeichen des ersteren herrscht. Dann mußt du den Planeten ausfindig machen, der das Zeichen des letzteren regiert. Auf diese Art und Weise machst du weiter, solange es geht. Wenn du auf einen Planeten im eigenen Zeichen stößt, bevor du mit dem Horoskop fertig bist, mußt du noch alle Planeten, die du bislang nicht berücksichtigt hast, untersuchen. Du wirst dann entweder noch einen Planeten im eigenen Zeichen finden oder wieder zu dem bereits entdeckten Planeten kommen.

Steht kein Planet im eigenen Zeichen, entdeckst du entweder eine Rezeption oder einen Kreislauf wie zum Beispiel: Mond im Schützen, Jupiter in der Jungfrau, Merkur im Löwen, Sonne im Krebs, Mond im Schützen... Bei einem derartigen Kreislauf ist kein Endherrscher vorhanden (das gilt auch für den Fall, daß es neben dem Kreis einen Planeten im eigenen Zeichen gibt).

B 13. Der Planet mit den meisten Aspekten

Um welchen Planeten handelt es sich, und welche Aspekte sind vorhanden?

Der Planet, der die meisten Aspekte empfängt, hat aufgrund seiner vielfältigen Ausdrucksmöglichkeiten eine herausragende Bedeutung. Dies gilt insbesondere dann, wenn sechs oder mehr Aspekte vorhanden sind. Die Verbindungen zu den anderen Planeten, Zeichen und Häusern sind Tore, durch die diese planetarische Energie sich auch auf andere Teile der Persönlichkeit und andere Lebensbereiche auswirken kann.

B 14. Unaspektierte Planeten

Wenn vorhanden, ist das *besonders wichtig*.

Ein Planet ohne wichtige Aspekte zu anderen Planeten ist wegen der fehlenden Verbindung zu dem Rest des Horokops von besonderer Bedeutung. Häufig wird er auf abrupte oder zwanghafte Weise zum Ausdruck gebracht. Möglicherweise stellt der Mensch diese eine Form der Energie in den Vordergrund, ohne auf die anderen Teile seines Wesens einzugehen. Auf der anderen Seite kann es dazu kommen, daß der betreffende Planet überhaupt nicht zum Ausdruck gebracht wird – daß er im Selbstbild und in der Selbstdarstellung fehlt.

Menschen, deren *Sonne* unaspektiert ist, haben im allgemeinen in ihrem Leben damit zu kämpfen, sich ihrer Energie und ihres Willens bewußt zu bleiben und diese ihren Zielen gemäß einzusetzen. Oftmals empfinden sie sich als von sich selbst getrennt. Menschen mit einem unaspektierten *Merkur* können Schwierigkeiten damit haben, Kontakte herzustellen und sich in mündlicher oder schriftlicher Form verständlich zu machen.

Ist *Venus* unaspektiert, verliert sich der Mensch vielleicht bis zur Selbstaufgabe in einer Liebesbeziehung – oder lehnt die Liebe ab. Eine Person mit unaspektiertem *Mars* läßt lange Zeit hindurch Selbstbehauptung, den Ausdruck von Ärger oder sexuelle Interessen vermissen – bis sich dann plötzlich die Aggressivität entlädt und vielleicht vielfältige sexuelle Aktivitäten aufgenommen werden.

Die meisten Menschen mit einem unaspektierten Planeten müssen große Anstrengungen unternehmen, um die betreffende Energie in ihr Leben zu integrieren. Nebenaspekte sowie Transite und Progressionen können dabei eine Hilfe sein. Beziehungen zu Menschen, deren Horoskop-Planeten im Trigon oder Sextil zu dem unaspektierten Planeten stehen, können ebenfalls den Prozeß unterstützen, diese Energie auf sinnvollere Weise zum Ausdruck zu bringen.

B 15. Planeten im Brennpunkt

Ein Planet, auf den ein T-Quadrat oder ein Yod gegründet ist oder der zwei Planeten-Konfigurationen miteinander verbindet, ist *besonders wichtig* (auch wenn dieser bereits gemäß A 5. oder A 6. angeführt worden ist).

Zusätzlich zu dem bereits Angeführten ist ein Planet von besonderer Wichtigkeit, wenn er

1. der Brennpunkt-Planet eines T-Quadrats oder Yods ist,
2. den «Griff» der «Schöpfkelle» oder des «Fächers» oder die «Lokomotive» des «Schnellzugs» darstellt, oder
3. der Schlüsselplanet zwischen zwei Aspekt-Konfigurationen ist. Ein Beispiel: Wenn es in einem Horoskop sowohl ein T-Quadrat als auch ein Großes Trigon gibt, dann ist der Planet, der in beiden Konfigurationen enthalten ist, der Schlüssel für die Integration der beiden Muster.

Der im Mittelpunkt des «Keil»- oder des «Schüssel»-Musters stehende Planet sowie der «Auslöser» (der Planet, von dem das exakteste Trigon oder Sextil zu einem T-Quadrat oder einem Großen Kreuz ausgeht), können ebenfalls als Brennpunkt-Planeten angesehen werden. Dieser ist jedoch nicht so wichtig wie die anderen angeführten Planeten. Erwähne sie nur, wenn es im Geburtshoroskop sonst kaum markante Planetenstellungen gibt. Wenn du allzu vielen Planeten im Horoskop eine besondere Bedeutung zuschreibst, kannst du bald nicht mehr unterscheiden, was wirklich wichtig und was eher zweitrangig ist.

Aspekte und andere individuelle Horoskop-Faktoren

Abschnitt C des Arbeitsbogens

Neben der Betrachtung des Horoskops in seiner Gesamtheit sowie im Hinblick auf die Planetenstellung müssen wir auch die aktive Dynamik der Persönlichkeit verstehen, wie sie durch die Beziehung der Planeten untereinander und durch die anderen individuellen Horoskop-Faktoren angezeigt wird. In erster Linie sind es die Aspekte, die uns einen Hinweis darauf geben, ob der Ausdruck eines planetarischen Prinzips eher behindert oder eher gefördert wird. An den Aspekten können wir sehen, wie die verschiedenen Facetten der Persönlichkeit zusammen- oder auch gegeneinanderwirken.

C 1. Welche Aspekt-Art herrscht vor?

In vielen Horoskopen besteht ein harmonisches Verhältnis zwischen Konjunktionen, Sextilen, Quadraten, Trigonen und Oppositionen – wenn jeder Aspekt etwa dreimal vertreten ist. In diesem Fall ist die Frage, welche Aspekt-Art vorherrscht, gegenstandslos. Tritt ein Aspekt-Typ jedoch im Verhältnis zu den anderen deutlich häufiger auf, dann ist dies für das Leben des betreffenden Menschen von großer Bedeutung. Dieser Mensch wird dazu neigen, immer wieder gemäß diesem Aspekt zu handeln – viel häufiger als gemäß der anderen vorhandenen (Haupt-)Aspekte.

79

Menschen, in deren Horoskop *Konjunktionen* vorherrschen, sind im allgemeinen sehr zielstrebig. Sie gehen voll und ganz in ihren Interessen auf und brauchen für ihre Arbeit kaum äußerliche Anstöße. Diese Menschen stellen sich bewußt ein Ziel, das sie mit Beharrlichkeit verfolgen – allerdings unter der Gefahr, daß sie manchmal den Überblick verlieren und sich auf abseitiges Terrain begeben, wo andere ihnen nicht mehr helfen können.

Menschen mit vielen *Sextilen* im Horoskop fällt es in den meisten Fällen leicht, ihre Persönlichkeit zum Ausdruck zu bringen. Sie sind kreativ und in der Lage, zwischen den verschiedensten Erfahrungsbereichen eine Verbindung herzustellen. Manchmal benötigen sie einen Ansporn, um ihr Denken und ihre kommunikativen Fähigkeiten zu entwickeln – was nur zu ihrem Vorteil ist.

Herrschen *Quadrate* vor, weist das auf Menschen hin, in deren Leben sich viele Krisen abspielen und die bereit sind, für die Überwindung von Hindernissen hart zu arbeiten. Diese Menschen sind äußerst leistungsfähig, neigen jedoch dazu, ihre Energien durch übermäßigen Einsatz und Kämpfe gegen die eigene Persönlichkeit zu vergeuden. Hier besteht die Aufgabe zu lernen, sich von Zeit zu Zeit zu entspannen sowie Energien auf harmonischere Art und in Übereinstimmung mit dem eigenen Wesen zum Einsatz zu bringen.

Trigone treten häufig in den Horoskopen von Menschen auf, die vielseitig begabt sind und deren Leben mehr oder weniger frei von größeren Problemen zu sein scheint. Weil hier meist wenig Herausforderungen bestehen, die die Mobilisierung von Energien oder die Vertiefung des Bewußtseins erfordern, bleibt es häufig bei alten Verhaltens- und Denkmustern – die zwar bequem, aber doch starr sind. Diese Menschen müssen aus ihrer Selbstzufriedenheit gerissen und dazu gezwungen werden, sich zu entwickeln.

Viele *Oppositionen* im Geburtshoroskop weisen darauf hin, daß der Mensch zu einem widersprüchlichen Verhalten neigt und leicht in Extreme verfällt – wobei allerdings das Bestreben besteht, ins Gleichgewicht zu kommen und sich selbst und die Beziehungen zu anderen besser zu verstehen. Die Suche nach dem Sinn kann hier zu tiefen Einsichten und inspirierenden Offenbarungen führen. Hier muß gelernt werden, daß Energien für die eigenen Ziele einzusetzen und daß die Eigenschaften, die auf andere projiziert werden, Bestandteil des eigenen Wesens sind.

C 2. Fehlt eine Aspekt-Art?

Nicht nur das Vorherrschen einer Aspekt-Art, auch deren Fehlen zeigt, wie der Mensch seine Energie zum Einsatz bringt. Oftmals können Nebenaspekte – wie zum Beispiel das Quintil, das Novil beziehungsweise Nonagon und das Halbsextil –, wenn sie aktiviert werden, das Fehlen von Sextilen oder Trigonen kompensieren. Halbquadrate – in gewissem Ausmaß auch Quinkunx-Aspekte – können als Ersatz für fehlende Quadrate und Oppositionen dienen (wobei Quinkunx-Aspekte oft als Irritation wirken, die das Unbewußte beeinflussen, aber keine Veränderung des Bewußtseins oder Verhaltens zur Folge haben). Sind keine Konjunktionen vorhanden, kommt es zu ähnlichen Auswirkungen wie beim Überwiegen von Oppositionen (und umgekehrt). Und das Fehlen von Trigonen und Sextilen entspricht einer Vorherrschaft von Quadraten (oder anders herum).

Menschen ohne *Konjunktionen* im Horoskop haben Schwierigkeiten damit, ihre Energien auf ein bestimmtes Projekt oder einen Lebensbereich zu konzentrieren. Sie sind vielseitig begabt, dabei aber in viele Teilpersönlichkeiten zersplittert. Sie brauchen einen Zweck oder ein Lebensziel, mit dem sich alle Teile der Persönlichkeit identifizieren können.

Menschen, denen es an *Sextilen* fehlt, fühlen sich unwohl, wenn sie sich im Hinblick auf Kreativität oder Intellekt beweisen müssen. Sie sind aufgerufen, sich ganz bewußt darum zu bemühen, mentale Fähigkeiten zu entwickeln und sich auf kommunikative oder schöpferische Weise zum Ausdruck zu bringen.

Gibt es keine *Quadrate,* handelt es sich oftmals um Personen, die es vermeiden, sich mit Hindernissen auseinandersetzen, sondern den Weg des geringsten Widerstandes gehen. Damit berauben sie sich aber der Chance zu Wachstum und Entwicklung. Diese Personen müssen sich selbst Herausforderungen schaffen und sich darum bemühen, aus ihren zur Routine erstarrten Verhaltensmustern auszubrechen, welche ihre Entwicklung behindern.

Trigone fehlen in den Horoskopen von Menschen, die mit sich selbst und mit anderen Schwierigkeiten haben und die große Anstrengungen auf sich nehmen müssen, um in Beziehungen und Aktivitäten Befriedigung zu finden. Hier muß gelernt werden, die Energie zu regenerieren und im Verhalten Mäßigkeit und Ausgewogenheit zu beweisen.

Sind keine *Oppositionen* vorhanden, können wir auf einen Menschen schließen, der sich selbst kennt und der nicht auf andere angewiesen ist, um das, was er noch nicht zur Entwicklung gebracht hat, zum Ausdruck zu bringen. Diesen Menschen zeichnet eine überaus große Subjektivität aus; er ist überzeugt davon, daß seine – manchmal allzu simple – Sicht seiner selbst sowie der Beziehungen zu anderen richtig ist. Er könnte davon profitieren, wenn er seine Perspektive erweitert und sich um das Verständnis der größeren Zusammenhänge bemüht.

C 3. Konjunktionen (Orbis: 3 Grad)

Orbis angeben. *Besonders wichtig,* wenn kleiner als 1,5 Grad.

Je genauer ein Aspekt ist, desto größeren Einfluß hat er auf die Persönlichkeit. Konjunktionen – die die Verbindung zweier planetarischer Energien bedeuten – sind die stärksten Aspekte; eine genaue Konjunktion ist einer der bedeutungsvollsten Horoskop-Faktoren, die es gibt. Weil sie so wichtig ist, kannst du bei ihr den Orbis doppelt so groß wie beim Sextil, Trigon, Quadrat oder der Opposition ansetzen. Der stärkste Aspekt überhaupt ist eine gradgenaue Konjunktion.

82

C 4. Andere Hauptaspekte (Orbis: 1,5 Grad)

Orbis angeben. *Besonders wichtig,* **wenn kleiner als 1 Grad.**

Genaue Aspekte bedeuten ein intensives Energiemuster. Wenn wir ein Horoskop interpretieren, sollten wir immer mit den exaktesten Aspekten beginnen. Dabei können wir Hauptaspekte als *eng* ansehen, wenn ihr Orbis nicht mehr als eineinhalb Grad (beim Sextil: ein Grad) beträgt; ist der Orbis geringer als ein Grad (beim Sextil: 30 Minuten), handelt es sich um *exakte* Aspekte. Konjunktionen, Quadrate, Trigone oder Oppositionen, deren Orbis geringer als 30 Minuten ist, zählen fast immer zu den fünf bis acht wichtigsten Charakteristiken eines Horoskops. Und wenn der Orbis weniger als 10 Minuten beträgt, kann der Einfluß auf das Horoskop – insbesondere dann, wenn wenig andere hervorstechende Merkmale vorhanden sind – alles andere in den Schatten stellen.

Bei der Auflistung der engen Aspekte müssen wir zwischen applikativen und separativen unterscheiden. Beim *applikativen* Aspekt steht die Exaktheit noch bevor – der schneller laufende Planet nähert sich hier dem langsameren. War die Exaktheit des Aspektes bereits gegeben und trennen sich die beiden Planeten, sprechen wir von der *Separation* (mit anderen Worten: wenn sich der schneller laufende Planet vom langsamer laufenden entfernt). Bei gleichem Orbis sind applikative Aspekte von größerer Wichtigkeit als separative – weil sie nach der Geburt in der Progression exakt werden.

Genaue Aspekte im Geburtshoroskop weisen auf Muster im Denken, Fühlen und Handeln hin, welche so selbstverständlich für uns sind, daß sie in Erscheinung treten, ohne daß wir uns dessen bewußt wären. Darin liegt ein Widerspruch zu unserem Glauben, daß wir unsere planetarischen Energien frei und gezielt zum Einsatz bringen können. Diese Aspekte beziehungsweise Muster können Widerstand leisten, wenn wir gegen sie ankämpfen – sie sind zu einem Bestandteil unserer Persönlichkeit geworden und wollen weiterhin zum Ausdruck gebracht werden. Doch wenn wir mit ihnen *zusammenarbeiten,* können wir sie zu unserem Vorteil nutzen. Ein Aspekt bedeutet schließlich nichts anderes, als daß verschiedene Energien miteinander verbunden sind. Bei einer derartigen

Verbindung im Horoskop können die betreffenden Planeten – getreu ihrer Natur – auf mannigfaltige Art und Weise zum Ausdruck gebracht werden. Haben wir es einmal gelernt, die Energie eines *Quadrats* in effektives Handeln umzusetzen, dann kann dieses so nutzbringend wie ein *Trigon* wirken. Wenn wir eine *Opposition* erst richtig begriffen haben, können wir die Energien zur Synthese bringen – mit der Folge, daß wir die Wirkung einer *Konjunktion* erzielen. Und anders herum kann das *Trigon* mit der Motivation des *Quadrats* erfüllt werden, wenn wir wirklich bemüht sind, dessen Wesen zu erkennen und seine Energien umzuwandeln.

C 5. Wichtige Nebenaspekte

Notiere diejenigen, die exakt sind.

Müßten wir jeden Aspekt des Horoskops bei der Interpretation in Betracht ziehen, würden wir unser Gehirn mit einer Unzahl von Überlegungen überhäufen und in der Gefahr stehen, das Wichtigste nicht mehr zu erkennen. Allerdings gibt es neben den gerade angeführten planetarischen Verbindungen noch weitere Aspekte, die unsere Aufmerksamkeit verdienen. Ihre Bedeutung hängt ab von ihrer Genauigkeit sowie davon, welche Hauptaspekte vorhanden sind.

Für die Nebenaspekte gilt allgemein ein Orbis von ein bis zwei Grad; für den *engen* Aspekt können wir maximal 30, für den *exakten* 15 Minuten ansetzen. Letzterer entspricht in seiner Bedeutung einem Hauptaspekt mit einer Abweichung von zwei Grad.

Finden sich in einem Horoskop nur wenige Trigone oder Sextile, müssen wir unsere Aufmerksamkeit auf die genauen Halbsextile, Quintile und Biquintile – welche Begabungen und günstige Gelegenheiten anzeigen – richten. Sind nur wenige Quadrate oder Oppositionen vorhanden, haben wir nach Halbquadraten Ausschau zu halten – diese zeigen uns, von wo wir Spannung und Motivation beziehen können, um unsere Trigone und Sextile nutzbringend anzuwenden.

Das *Quinkunx* sollte als Nebenaspekt betrachtet werden, weil es nicht auf der Teilung des Kreises durch eine ganze Zahl basiert.

Außerdem scheint sein Einfluß weniger wichtig als der von Quadraten, Trigonen, Konjunktionen und Oppositionen zu sein. Nichtsdestoweniger verdient es einen Orbis, der größer ist als der der anderen Nebenaspekte – maximal bis vier, bei Exaktheit bis ein Grad. Bei dem Quinkunx und dem Halbquadrat handelt es sich um die stärksten Nebenaspekte. Aber auch das Anderthalbquadrat, das Quintil und das Biquintil sind von Bedeutung.

Es folgt eine Aufstellung der wichtigsten Nebenaspekte in der Reihenfolge ihrer Wichtigkeit

Das *Quinkunx* (150 Grad). Mangelhafte Anpassung oder Disfunktion, leichte Reizbarkeit, psychosomatische Beschwerden. Kreative Produktivität, die aus einer unterbewußten Spannung resultiert.

Das *Halbquadrat* (45 Grad). Fortwährende Widerstände oder auch Motivation. Von der Wirkung her einem schwachen Quadrat gleich.

Das *Quintil* und das *Biquintil* (72 bzw. 144 Grad). Individualistischer Selbstausdruck. Die Fähigkeit, verschiedene Einflüsse auf kreative Art in Übereinstimmung zu bringen und zu transformieren.

Das *Anderthalbquadrat* (manchmal auch *Sesquiquadrat* genannt – 135 Grad). Permanente Widerstände, Auswirkungen auf das Verständnis und die Beziehungen. Wirkt ähnlich wie das Halbquadrat.

Das *Halbsextil* (30 Grad). Spannung und Kreativität. Führt zur Vorstufe der Integration. Oftmals als störend empfunden.

Das *Septil* und das *Biseptil* (51 Grad, 25 Minuten bzw. 102 Grad, 50 Minuten). Schicksalhaft und zwanghaft; das Geheimnisvolle (über diesen Aspekt ist wenig bekannt).

Das *Novil* (oder auch *Nonagon* – 40 Grad). Reifeprozeß; Potential für die Geburt neuer Formen.

Im allgemeinen solltest du bei der Interpretation des Horoskops die Nebenaspekte unberücksichtigt lassen. Du kannst dich ihnen dann widmen, wenn du die Hauptaspekte erschöpfend behandelt hast oder wenn es nur sehr wenige Hauptaspekte gibt beziehungsweise deren Orbis so groß ist, daß nur die Betrachtung der Nebenaspekte das Energiemuster der betreffenden Person erkennen läßt. Menschen mit überdurchschnittlicher Intelligenz, ausgeprägter Kreativität oder esoterischen oder spirituellen Neigungen haben zu ihren Nebenaspekten einen ebenso guten Zugang wie zu den Konjunktionen, Quadraten, Trigonen und Oppositionen. Bei ihnen mußt du diesen Aspekten also von vornherein mehr Aufmerksamkeit schenken.

C 6. Der Parallelschein

Vermerke, wenn Aspekte durch gleiche Deklinationen verstärkt werden.

Der Parallelschein findet nur selten Verwendung. Der Grund hierfür dürfte darin liegen, daß er ein räumliches Element verkörpert, welches auf dem zweidimensionalen Horoskopblatt nicht dargestellt werden kann. Der Parallelschein beziehungsweise die Deklination bringt zum Ausdruck, wie weit – in Gradzahlen ausgedrückt – der Planet zu einem bestimmten Zeitpunkt nördlich oder südlich von der Ekliptik entfernt steht. Die meisten Ephemeriden führen die Deklination auf. Ein Beispiel: Ein Planet, der sich 18 Grad nördlich der Ekliptik befindet, gilt als parallel zu dem, dessen nördlicher Abstand zur Ekliptik 19 Grad beträgt (Orbis: ein Grad). Ein Planet sechs Grad südlich der Ekliptik ist parallel zu dem auf sieben Grad (südlich). Befindet sich ein Planet sechs Grad südlich und der andere sechs Grad nördlich der Ekliptik, wird die Stellung *kontraparallel* genannt.

Wie auch die Konjunktion zeigt der Parallelschein, daß verschiedene Energien miteinander kombiniert sind. Hier ist die Wirkung aber eher hintergründig; sie kommt oft erst dann zum Tragen, wenn einer der oder die beiden beteiligten Planeten im Transit oder in der Progression aktiviert werden. Steht bei gleichem Abstand der eine Planet nördlich, der andere südlich von der Ekliptik, ist die Wirkung mit einer schwachen Opposition zu vergleichen. Allerdings ist auch hier die Aktivierung durch Transite oder Progressionen notwendig.

Der Parallelschein ist insbesondere dann von Bedeutung, wenn

1. er für zwei Planeten gilt, die in Konjunktion zueinander stehen. In diesem Fall erhält die Konjunktion ein noch größeres Gewicht,
2. er für zwei Planeten gilt, die bereits durch einen anderen Hauptaspekt miteinander verbunden sind. Der Aspekt wird verstärkt, und es besteht die Möglichkeit, daß die betreffenden Energien auf harmonische Weise vereinigt werden,
3. er für zwei Planeten gilt, die im Horoskop eine starke Stellung haben (zum Beispiel, wenn es sich bei dem einen um einen Planeten am Aszendenten und bei dem anderen um den Brennpunkt eines T-Quadrats handelt).

Für sich allein betrachtet ist der Parallelschein kein wesentlicher Horoskop-Faktor. Ziehe ihn nur dann heran, wenn er Planeten oder Aspekten, die du bereits als bedeutsam erkannt hast, eine zusätzliche Betonung gibt.

C 7. Planeten in Rezeption

Eine Planetenrezeption im Horoskop ist *besonders wichtig.*

Wir sprechen von einer *Rezeption,* wenn sich zwei Planeten jeweils im Zeichen des anderen befinden (zum Beispiel: Saturn im Zeichen Löwe und die Sonne im Steinbock). Die Rezeption wird in den meisten Fällen nicht bei der Interpretation berücksichtigt – obwohl sie von der gleichen Stärke und Wichtigkeit wie die Konjunktion ist und darüber hinaus noch andere bedeutsame Züge hat. Planeten in Rezeption können auch in dem Zeichen und Haus des *anderen* Planeten zum Ausdruck kommen; ihr Einfluß ist damit nicht auf das Haus, in dem sie stehen, und auf das, welches sie beherrschen, begrenzt. Die Planeten, Zeichen und Häuser, die von einer Rezeption berührt sind, stehen miteinander in Verbindung. Hier ist die Chance für ein harmonisches Zusammenspiel gegeben. Hindernisse, die mit eventuell vorhandenen Quadraten oder Oppositionen in Zusammenhang stehen, können ohne größere Probleme überwunden werden.

Um es noch einmal zu sagen: Die Bedeutung einer Rezeption sollte nicht unterschätzt werden. Häufig gibt sie uns einen Hinweis auf wichtige Merkmale der Persönlichkeit, die aus dem Rest des Horoskops möglicherweise nicht zu ersehen sind. Denke zum Beispiel an Liz Taylor (Mond im Skorpion im 2. Haus; Pluto im Krebs in Haus 10), Bobby Fischer (Merkur im Wassermann im 8. Haus; Uranus in den Zwillingen in Haus 11) und an Edgar Cayce (Fische-Venus in Haus 7; Neptun im Stier in 9). Wie wichtig diese Rezeptionen im Leben dieser Menschen gewesen sind, dürfte klar ersichtlich sein.

C 8. Die Mondknoten

Besonders wichtig: In welchen Zeichen und Häusern stehen sie? Gibt es Hauptaspekte zu ihnen (Orbis: 2 Grad)?

Die Analyse der Mondknoten darf bei keiner Horoskop-Interpretation fehlen. Die Häuser und Zeichen, in denen diese stehen, sowie die Aspekte, an denen sie beteiligt sind, enthüllen Themen, mit denen wir uns während unseres ganzen Lebens auseinandersetzen müssen. Die Mondknoten verkörpern die Aufgabe, uns vom Sog der Vergangenheit freizumachen und den Zweck zu erfüllen, der mit unserer aktuellen Inkarnation verbunden ist.

Neben dem 12. Haus gibt auch der *absteigende* Mondknoten Hinweise über Stärken und Schwächen, die wir in diese Inkarnation mitgebracht haben. Der absteigende Mondknoten stellt den Weg des geringsten Widerstandes dar; wir fallen leicht darauf zurück, uns gemäß seinem Zeichen und Haus zum Ausdruck zu bringen, weil wir uns auf dieser Ebene sicher fühlen. Es fällt uns leicht, diesem Lebensbereich unsere Aufmerksamkeit zu widmen. Doch sind wir in dieser Inkarnation nicht dazu bestimmt, uns auf die Qualitäten und Energien des absteigenden Mondknotens zu konzentrieren. Tun wir das, schreiten wir zurück und nehmen die Möglichkeiten, die sich uns bieten, nicht wahr. Mit einer solchen Handlungsweise würden wir uns wieder der Vergangenheit ausliefern, was Gefühle der Frustration zur Folge hätte. Wir sind in unserem Leben aufgefordert, die Fähigkeiten unseres *absteigenden* Mondknotens einzusetzen, um das Ziel zu erreichen, das der *aufsteigende* Mondknoten – durch sein Zeichen und Haus sowie durch die Stellung des Herrschers – symbolisiert.

Es fällt uns im allgemeinen nicht leicht, den *aufsteigenden* Mondknoten zur Entwicklung zu bringen (was um so mehr gilt, wenn Oppositionen oder Quadrate zu ihm bestehen). Das Zeichen und Haus des *absteigenden* Mondknotens üben eine mächtige Faszination auf uns aus. Wenn wir uns aber den Energien des aufsteigenden Mondknotens – gemäß seinem Zeichen – stellen und in dem betreffenden Lebensbereich – entsprechend dem Haus – effektiv zu arbeiten beginnen, erfahren wir Unterstützung durch die heilenden Energien des Universums. Wenn wir die Talente und Stärken, zu deren Manifestation wir geboren wurden, mutig zum Ausdruck bringen, werden wir die unermeßliche Befriedigung erfahren, unsere Lebensaufgabe erfüllt zu haben.

Notiere auf deinem Arbeitsblatt neben den Zeichen und den Häusern der Mondknoten auch die genauen Aspekte zu ihnen. Konjunktionen mit dem *aufsteigenden* Mondknoten verweisen auf Energien, die wir konstruktiv zu nutzen lernen müssen; Konjunktionen mit dem *absteigenden* Mondknoten zeigen an, welche planetarischen Energien wir leicht zum Ausdruck bringen können und in diesem Leben nicht besonders betonen müssen. Die anderen Aspekte zu den Mondknoten geben an, wie leicht oder schwer es uns fällt, unseren absteigenden Mondknoten gemäß dem Ziel des aufsteigenden einzusetzen.

Das Haus, in dem der Herrscher des *absteigenden* Mondknotens steht, verkörpert einen Lebensbereich, auf den wir uns in der Vergangenheit konzentriert habe und welcher nun für uns eine Zuflucht darstellt. Das Haus des Herrschers des *aufsteigenden* Mondknotens läßt erkennen, was der Lebensbereich ist, in dem wir dessen Lektionen anwenden sollen.

Zur weiteren Information über die Mondknoten sind die zwei folgenden Bücher sehr zu empfehlen: Donna Van Toen, *The Astrologers Node Book,* und Tracy Marks, *Astrologie der Selbst-Entdeckung* (Verlag Hier & Jetzt).

Vorstufen der Synthese

Abschnitt D des Arbeitsbogens

Dieser Abschnitt soll zeigen, wie du vorgehen kannst, um die verschiedenen einzelnen Faktoren, die wir bisher besprochen haben, miteinander in Übereinstimmung zu bringen.

D 1. Welcher Planet ist betont?

Es ist *besonders wichtig,* wenn ein Planet häufiger als viermal erwähnt ist.

Zähle nach, wie oft die Planeten im Abschnitt B bei den Punkten 3 bis 15 genannt worden sind (für ein *Besonders wichtig* mußt du zwei Punkte anrechnen). Die Sonne und der Mond erhalten wegen ihrer überragenden Bedeutung zusätzlich Sonderpunkte – die Sonne zwei, der Mond einen. Der stärkste Planet im Horoskop dürfte derjenige sein, der die meisten Punkte auf sich vereinigt. Vier oder mehr Punkte sind ein Hinweis darauf, daß der Planet eine starke Stellung im Horoskop hat. Oftmals ist zu beobachten, daß zwei oder mehr Planeten gleich stark gestellt sind.

D 2. Welches Zeichen ist betont?

Es ist *besonders wichtig,* wenn ein Zeichen häufiger als viermal erwähnt ist.

Weil die Planeten in jedem Horoskop anders gestellt sind, fällt es

91

oft schwer herauszubekommen, bei welchem Zeichen es sich um das stärkste handelt. Die beste Methode, hier zu einem Ergebnis zu gelangen, ist, einen Punkt für jedes Zeichen zu geben, in dem sich ein Planet oder der Aszendent oder das MC befindet. Für das Sonnen- und für das Mond-Zeichen gibt es Zusatzpunkte – für ersteres zwei, für letzteres einen. Einen weiteren Zusatzpunkt mußt du für das Zeichen notieren, in dem der stärkste Planet steht (den du gemäß D 1. ermittelt hast).

D 3. Welches Haus ist betont?

Es ist *besonders wichtig*, wenn ein Haus häufiger als viermal erwähnt ist.

Um festzustellen, welches Haus am stärksten betont ist, kannst du die Methode, die bei den Zeichen erklärt wurde, anwenden. Je ein Zusatzpunkt ist für die Häuser zu geben, in denen die Sonne, der Mond sowie der stärkste Planet stehen. Aszendent und MC kannst du hier außer acht lassen.

D 4. Was ist der stärkste Aspekt?

***Besonders wichtig*, falls der Orbis weniger als 0,5 Grad beträgt.**

Schreibe hier auf, was der genaueste Aspekt des Horoskops ist, und notiere auch dessen Orbis. Du mußt dabei auch die Aspekte berücksichtigen, die zu den Eckpunkten und der Mondknoten-Achse bestehen.
   Handelt es sich bei dem genauesten Aspekt um ein Trigon oder Sextil, solltest du zusätzlich das Quadrat oder die Opposition mit dem kleinsten Orbis notieren. Auf diese Art kannst du erfahren, welche Energien sich auf dynamische Weise manifestieren werden.

Andere Horoskop-Faktoren

Abschnitt E des Arbeitsbogens

Es gibt noch viele andere astrologische Faktoren, die für die Horoskop-Synthese und für das Verstehen der grundlegenden Charakteristiken nicht unbedingt erforderlich sein mögen, im Einzelfall aber doch nützliche Informationen liefern können. Dazu die folgenden Informationen.

1. **Der 12.-Haus-Komplex**
Dieser Komplex – bestehend aus dem oder den Planeten des 12. Hauses sowie dessen Herrscher – läßt erkennen, welche verborgenen Einflüsse bestehen. Diese können ein irrationales und oftmals selbstzerstörerisches Verhalten nach sich ziehen, andererseits aber auch eine Quelle der Kraft darstellen. Näheres dazu in: Tracy Marks, *Dein verborgenes Selbst. Das Mysterium des 12. Hauses* (Verlag Hier & Jetzt).

2. **Sonnen- und Mondfinsternisse**
Eine *Sonnenfinsternis* ereignet sich dann, wenn ein Neumond auf die Mondknotenachse fällt. Eine *Mondfinsternis* ergibt sich, wenn der Vollmond auf der Mondknotenachse zu stehen kommt. Sonnen- und Mondfinsternisse finden etwa zweimal pro Jahr statt – wir müssen bei den Menschen, die zu einem Voll- oder einen Neumond geboren

wurden, in der Ephemeride nachschauen, um festzustellen, ob es sich dabei um eine Finsternis gehandelt hat. Menschen, deren Geburt bei einer *Sonnenfinsternis* stattfand, zeigen im allgemeinen eine schwache Vitalität und Willenskraft; sie neigen dazu, sich selbst geringzuschätzen, haben aber die Fähigkeit, ihre physische Energie auf ganz persönliche Art und Weise einzusetzen und wahre Individualität zu entwickeln. Die Person, die zu einer *Mondfinsternis* geboren ist, ist oftmals instabil und abhängig. Sie hat aber Zugang zu transformativen Ebenen des Fühlens und der Intuition, woraus – bei entsprechenden Fähigkeiten – kreative und erfolgreiche Schöpfungen hervorgehen können.

Der Grad, auf dem die letzte Sonnenfinsternis vor der Geburt stattfand, verweist für gewöhnlich auf einen Lebensbereich, in dem wir ständig Krisen erleben und die Herausforderung fühlen, unsere Grenzen zu erproben. Hier spüren wir den Antrieb, uns weiterzuentwickeln. Näheres dazu in dem Buch von Robert Jansky: *Interpreting the Eclipses.*

3. *Kardinale, feste und veränderliche Häuser*
    Diese Einteilung der Häuser entspricht in ihrer Bedeutung den kardinalen, festen und veränderlichen Zeichen. Ein Vorherrschen von Planeten in den *kardinalen* beziehungsweise den Eckhäusern (die Häuser 1, 4, 7 und 10) zeigt den machtvollen Drang an, die eigenen Energien zu mobilisieren und aktiv zu werden im Hinblick auf die Hauptthemen des Lebens – die eigene Persönlichkeit, das Heim und die Familie, die Liebe und Ehe sowie die Karriere. Überwiegen Planeten in den *festen* Häusern (die Häuser 2, 5, 8, und 11), läßt dies einen Menschen vermuten, der sich die eigenen Wünsche erfüllen will und fest entschlossen ist, mit konzentriertem Energieeinsatz alle Aufgaben bis zum Ende durchzuführen. Herrschen Planeten in den *veränderlichen* Häusern (die Häuser 3, 6, 9 und 12) vor, läßt das auf eine Persönlichkeit schließen, die sich mit ihren Reaktionen auf das, was sie erlebt, beschäftigt. Hier steht die Klärung der persönlichen Realität – oftmals unter Verwendung von abstrakten Begriffen – im Mittelpunkt.

4. *Die Elevation*

Eleviert gegenüber einem anderen Gestirn ist ein Planet, wenn er näher am MC steht als dieses. Der Planet, der dem MC am dichtesten ist, ist über alle anderen eleviert. Dieser kann besonders dann wichtige Informationen liefern, wenn es im Horoskop sonst nur wenig markante Planetenstellungen gibt. Wir erhalten hier einen Hinweis darauf, was die Person anstrebt und auf welche Weise sie ihr Ziel erreicht.

5. *Planeten in der östlichen oder westlichen Hälfte des Horoskops*

Diese Einteilung ergibt nur dann einen Sinn, wenn ein starkes Ungleichgewicht besteht. Sieben oder mehr Planeten in der östlichen (linken) Hemisphäre lassen auf eine Person schließen, die ihr Leben selbst bestimmt; sieben oder mehr Planeten in der westlichen (rechten) Hemisphäre weisen darauf hin, daß das Leben in sehr starkem Maße von anderen beeinflußt wird.

6. *Eine enge Sonne/Merkur-Konjunktion (Orbis: 4 Grad)*

Liegt der Orbis zwischen einem halben und vier Grad, bezeichnet man Merkur als «verbrannt». Bei dieser Konstellation erlebt der Mensch häufig eine mentale Überstimulierung; er ist von einer derart großen Subjektivität, daß es ihm schwerfallen kann, klar zu denken und zu kommunizieren. Ist der Orbis jedoch kleiner als 30 Minuten, ist die Kraft intensiviert. Das Denken wird geschärft, und geniale Fähigkeiten können zum Ausdruck kommen.

7. *Halbsummen*

Der Grad im Horoskop, der von zwei Planeten gleichweit entfernt ist, bezeichnet deren Halbsumme. Für jedes Planetenpaar bestehen zwei Halbsummen – die *nahe* (die auf der Zweiteilung des kleineren Abstandes beruht) und die *ferne* (die der ersten im Abstand von 180 Grad gegenüberliegt).

In jedem Horoskop bestehen Dutzende von Halbsummen – nur die signifikantesten sollten für die Synthese in Betracht gezogen werden. Am bedeutsamsten ist es, wenn in der

Halbsumme eines Quadrats ein Planet steht (der das Quadrat dann in zwei Halbquadrate unterteilt). Die planetarische Halbsumme erhält in diesem Fall ihre Energie aus dem Quadrat; sie ist der Schlüssel zu dessen konstruktiver Anwendung. Die planetarische Halbsumme einer Opposition (was bedeutet, daß es sich um ein T-Quadrat handelt) sowie die eines Trigons oder Sextils wirken ähnlich.

Es gibt noch viele andere Faktoren, die bei der Horoskop-Synthese berücksichtigt werden können. Für mehr oder weniger unwichtig halte ich die Unterteilung in männliche oder weibliche Zeichen, die Signaturenlehre, den Glücks- und den Vertex-Punkt, die Planetenknoten und die Berücksichtigung der Fixsterne.

Als zweifelhaft sehe ich an: die Betonung der Quadranten, die traditionelle Nord-Süd-Interpretation, die Erhöhung und die Vernichtung von Planeten, die Dekanate, die Kritischen Grade, den prometheischen oder den epimetheischen Merkur, Venus als Hesperos (Morgenstern) oder Luzifer (Abendstern).

Wer sich mit der Astrologie beschäftigt, sollte diese Faktoren studieren und sich eine eigene Meinung dazu bilden, ob sie bei der Horoskop-Interpretation einbezogen werden sollten oder nicht.

Die auffälligsten Horoskop-Merkmale

Abschnitt F des Arbeitsbogens

Wie geht die Horoskop-Synthese vor sich?

Wenn wir den Arbeitsbogen mit den Fragen aus den Abschnitten A bis D ausgefüllt haben, müssen wir entscheiden, welche der 15, 20 oder 25 angeführten Charakteristiken nun die bedeutsamsten sind. Befinden sich in einem Horoskop viele markante Merkmale, wird unser Arbeitsbogen mit Antworten (die dann oftmals noch als *besonders wichtig* eingestuft sind) nur so überhäuft sein. Bei derart «starken» Horoskopen müssen wir eine noch engere Auswahl treffen. Ein Planet im eigenen Haus oder fünf Grad vom MC entfernt ist hier nicht von der Bedeutung wie in einem Horoskop mit wenigen auffälligen Merkmalen.

Um in diesem Fall unsere Liste übersichtlicher zu gestalten, müssen wir die *besonders wichtigen* Antworten neu bewerten. Dabei fassen wir diejenigen zusammen, welche eine verwandte Bedeutung haben (zum Beispiel acht Punkte im Element Erde und ein großes Trigon, das in das gleiche Element fällt). Oftmals werden wir eine ganze Anzahl eng verwandter Merkmale entdecken, welche sich gegenseitig verstärken. Das wird uns helfen, das tiefere Wesen des betreffenden Horoskops zu erkennen.

Wenn wir für ein Horoskop vielleicht auf nur drei, vier oder fünf *besonders wichtige* Merkmale kommen, müssen wir zu den «einfachen» Nennungen zurückgehen. Welche davon fallen in dem Horoskop, das wir untersuchen, besonders ins Auge? Welche sind am deutlichsten ausgeprägt, welche am extremsten oder ungewöhnlichsten? Es gibt keine Richtlinien, die auf alle Horoskope anzuwenden sind. Vielleicht können dir aber die folgenden Punkte helfen, aus den nicht als *besonders wichtig* klassifizierten Antworten noch bedeutsame Merkmale herauszufinden:

1. zwei oder fünf Punkte bei einem Element
2. drei oder sechs Punkte bei einer Qualität
3. die Herrscher von Sonne und Aszendent
4. drei rückläufige Planeten
5. ein nur schwach ausgeprägtes planetarisches Muster
6. Planeten bis zu sechs Grad vor oder zehn Grad hinter dem Aszendenten oder dem MC
7. Planeten bis zu drei Grad vor dem IC oder dem Deszendenten oder bis zu vier Grad dahinter
8. der Planet, der die meisten Aspekte auf sich vereinigt (wenn es mehr als fünf sind)
9. ein starker Aspekt mit außergewöhnlicher Betonung
10. Konjunktionen mit einem Orbis zwischen anderthalb und drei Grad (mit Ausnahme der Sonne oder des Mondes)
11. andere Hauptaspekte mit einem Orbis zwischen anderthalb und drei Grad
12. das Fehlen einer Aspekt-Art

Haben wir in einem Horoskop mehr als acht *besonders wichtige* Merkmale erhalten, müssen wir abwägen, welche davon die stärksten sind. Mit der Zeit, wenn wir geübter sind, wird uns die Intuition schnell durch diese einleitende Phase führen – jetzt, am Anfang, brauchen wir einen Anhaltspunkt, um zu entscheiden, was auf unserer überarbeiteten Liste von höchster Priorität ist. Wir können in diesem Fall etwas von dem Folgenden weglassen:

1. Elemente mit einem oder mit sechs Punkten
2. Qualitäten mit zwei oder mit sieben Punkten

3. Aspekt-Konfigurationen mit großem Orbis
4. Konjunktionen mit einem Orbis von einem bis anderthalb Grad
5. Planeten im eigenen Haus
6. vier rückläufige Planeten (oder kein einziger)
7. Hauptaspekte über 30 Minuten (falls ein Aspekt – oder mehrere – mit kleinerem Orbis im Horoskop enthalten sind)
8. den Aszendenten, wenn dessen Herrscher in bezug auf Zeichen und Haus schwach gestellt ist

Ob wir am Schluß fünf oder neun, zehn oder elf Faktoren haben, spielt keine Rolle. Jedes Horoskop ist einzigartig, und es gibt keine Regeln, die alle Probleme, welche bei der Synthese auftauchen können, berücksichtigen. Es kann sogar selbst in dem Fall, daß eine Vielzahl *besonders wichtiger* Merkmale vorhanden ist, sinnvoll sein, alle Antworten noch einmal auf Auffälligkeiten hin zu überprüfen – wobei sich dann vielleicht herausstellt, daß der Planet mit den meisten Aspekten mit *allen* anderen Planeten verbunden ist oder daß von den fünfzehn Hauptaspekten im Horoskop zehn Quadrate sind. Wahrscheinlich ist der beste Weg, mit dem Arbeitsbogen zur Synthese vertraut zu werden, die Übung am eigenen Horoskop.

Die Rolle der Intuition

Die hier beschriebene Synthese-Methode kann uns helfen, die wichtigsten Merkmale des Horoskops zu erfassen; sie ist aber – wie die anderen rationalen Ansätze auch – nicht ausreichend, um eine umfassende sinnvolle Deutung zu geben. Nur wenn wir neben dem Intellekt auch unsere Intuition zum Einsatz bringen, können wir zur wahren Bedeutung des Horoskops vordringen – nur auf diese Weise kann eine lebendige Interpretation erzielt werden.

Beim Studium oder der Berechnung eines Horoskops kann es sein, daß uns bestimmte Merkmale förmlich «ins Auge springen». Unabhängig davon, ob es sich hierbei um Charakteristiken handelt, die unser Arbeitsbogen erfaßt oder nicht, sollten wir diesen auf jeden Fall Aufmerksamkeit schenken. Hier können wir nämlich zu Themen gelangen, die entweder für den Menschen, den wir beraten, oder auch für uns selbst besonders bedeutungsvoll sind – die uns helfen können, Verständnis und Einsicht zu entwickeln.

Bei der Interpretation eines Horoskops brauchen wir einen Fix- oder Ausgangspunkt. Wenn uns der Arbeitsbogen nicht sagt, was die bedeutungsvollste Einzelheit ist, auf die uns stützen sollten, dann ist unsere Intuition gefragt. Was ist aber, wenn diese uns zu falschen Schlußfolgerungen leitet, oder wir gar keinen Zugang zu ihr haben?

Auch für den nicht von Natur aus intuitiv veranlagten Menschen ist es möglich, diesbezügliche Fähigkeiten zu entwickeln. Wenn wir ein Horoskop betrachten, sollten wir uns entspannen und unser Denken freimachen, gewissermaßen so, als handele es sich bei diesem um ein Gemälde oder um ein Mandala. Es ist notwendig, sich mit der Erscheinung des Horoskops in seiner Gesamtheit zu verbinden – statt zu versuchen, jedes einzelne der zahllosen Details zu erfassen. Wenn wir spüren, daß etwas unsere Aufmerksamkeit auf sich zieht, sollten wir dem folgen – und zwischen Vorder- und Hintergründigem hin- und herwechseln. Irgendwann werden wir die verschiedenen Horoskop-Muster und ihre Beziehung untereinander erkennen – aus den Tiefen unseres Bewußtseins wird dann ein neues Verständnis emporsteigen.

Ein anderer Weg, die Intuition zu entwickeln, besteht darin, eine Reihe von Horoskopen sehr rasch zu interpretieren, so schnell, daß der Verstand keine Möglichkeit hat, eine systematische Analyse zu erstellen. Bei der intuitiven Interpretation kommt es darauf an, ruhig zu werden und die ersten Eindrücke zu beobachten. Wollen wir diese wirklich praktizieren, werden wir erkennen, wieviel Weisheit unserem intuitiven Verständnis zugrundeliegt. Und schließlich werden wir immer wieder auf es zurückgreifen.

Vor der Interpretation

Wenn wir neben der Analyse des Arbeitsbogens auch noch unsere Intuition befragt haben, welcher Schritt ist dann an der Reihe? Wie sollten wir uns auf die Horoskop-Deutung vorbereiten?

Erstens sollten wir uns vergewissern, daß wir genügend Hintergrund-Informationen über die zu beratende Person haben (Familienstand, Beruf etc.). Das ist notwendig, um das Horoskop im richtigen Zusammenhang zu sehen.

Zweitens können wir untersuchen, welche Transite und Progressionen das Horoskop gerade beeinflussen – welche Planeten, Zeichen und Häuser gerade aktiviert oder belastet sind.

Drittens können wir uns den komplexen oder auch gegensätzlichen Informationen, die das Horoskop liefert, widmen. Was bedeutet kein Punkt für das Element Wasser in dem Fall, daß der Mond am Aszendenten steht? Was ist, wenn vier Planeten im Zeichen Zwillinge stehen, Merkur und Jupiter aber im Krebs? Die meisten Menschen sind vielschichtige, zum Teil widersprüchliche Persönlichkeiten – vielleicht fühlen sie zwischen zwei Seiten ihres Wesens hin- und hergerissen oder versuchen, einen Teil unabhängig von dem anderen zum Ausdruck zu bringen.

Viertens sollten wir auf unsere eigenen negativen Reaktionen gegenüber verschiedenen Plazierungen oder Mustern achten und uns überlegen, warum wir auf diese Weise reagieren. Wir müssen uns die Frage stellen, wie wir die Eigenschaften, um die es dabei geht, auf konstruktivere Art interpretieren können. Auch eine Venus/Saturn-Konjunktion hat ihre guten Seiten; auch ein Mars/Pluto-Quadrat kann – wenn richtig kanalisiert – Segen statt Qual sein. Wir sollten insbesondere dann auf negative Äußerungen achten, wenn der Gegenüber eine starke Wasser-Betonung oder einen angegriffenen Saturn hat beziehungsweise, wenn er überempfindlich oder ängstlich ist.

Fünftens können wir bei manchen Horoskopen die *besonders wichtigen* Merkmale in zwei oder drei Gruppen zusammenfassen und deren Beziehung zueinander näher untersuchen. Auf diese Weise ist es uns – zumindest am Anfang – vielleicht eher möglich, alle Horoskop-Themen, die wir behandeln möchten, auf einen gemeinsamen Nenner zu bringen. Diese Orientierung kann uns selbst sowie dem Menschen, den wir beraten, dienlich sein.

Grundsätzlich ist anzumerken, daß die beste Vorbereitung zur Interpretation darin liegt, die fundamentalen Merkmale des Horoskops zu studieren oder auf intuitive Weise zu erfassen. Nur wenn wir von unserem eigenen Verständnis Gebrauch machen und erst als letztem Ausweg zu Nachschlagewerken greifen, können wir unsere Fähigkeiten als Astrologen entwickeln. Wenn uns das eigene Verständnis im Stich läßt und unsere Bücher ebenfalls, sollten wir uns nicht schämen, dies dem Klienten einzugestehen. Das gibt ihm die Gelegenheit zu einer Klarstellung seines Selbstverständnisses ihm selbst und uns gegenüber.

TEIL 2

ÜBUNGEN ZUR
HOROSKOP-SYNTHESE

Einführung

In diesem Abschnitt sollst du anhand von fünf Beispielen Gelegenheit erhalten, unter Verwendung des Arbeitsbogens die grundlegenden Merkmale eines Horoskops zu bestimmen (wobei du auch sehen kannst, wieweit deine Antworten zutreffen). Die fünf Horoskope, die ich anführe, entsprechen nicht denen, die du normalerweise interpretieren wirst. Es handelt sich bei ihnen um die Horoskope berühmter Menschen unseres Jahrhunderts mit einer extremen Betonung von bestimmten Elementen oder Zeichen oder mit äußerst stark gestellten Planeten – was sich in Form einer herausragenden Begabung oder von ungewöhnlichen Lebensumständen bemerkbar gemacht hat. Nur Horoskop E läßt vermuten, daß es sich bei dieser Person um einen «ganz gewöhnlichen» Menschen handelt (was aber nicht zutrifft). Wir werden dieses Horoskop am Ende des Abschnitts besonders ausführlich untersuchen, um zu demonstrieren, welche vielen praktischen Informationen der Arbeitsbogen liefert.

Vielleicht stellst du dir die Frage, weshalb ich Beispiele von ganz außergewöhnlichen Menschen gewählt habe. Darauf gibt es zwei Antworten: Zum einen sind diese Horoskope außerordentlich interessant; sie werden dich möglicherweise anregen und dazu motivieren, dein astrologisches Wissen zu vertiefen. Und wenn du den einzelnen Schritten aufmerksam folgst, wirst du dabei eine neue Methode der Horoskop-Interpretation lernen. Zum zweiten ist die Art und Weise, auf die du hier lernst, eine sehr angenehme, und du kannst dein Wissen beziehungsweise deine Intuition testen, indem du rätst, um welche Zeitgenossen es sich hier handeln könnte (deren Identität wird erst später enthüllt). Ein Hinweis: A und C sind Männer, B, D und E sind Frauen.

Horoskop A

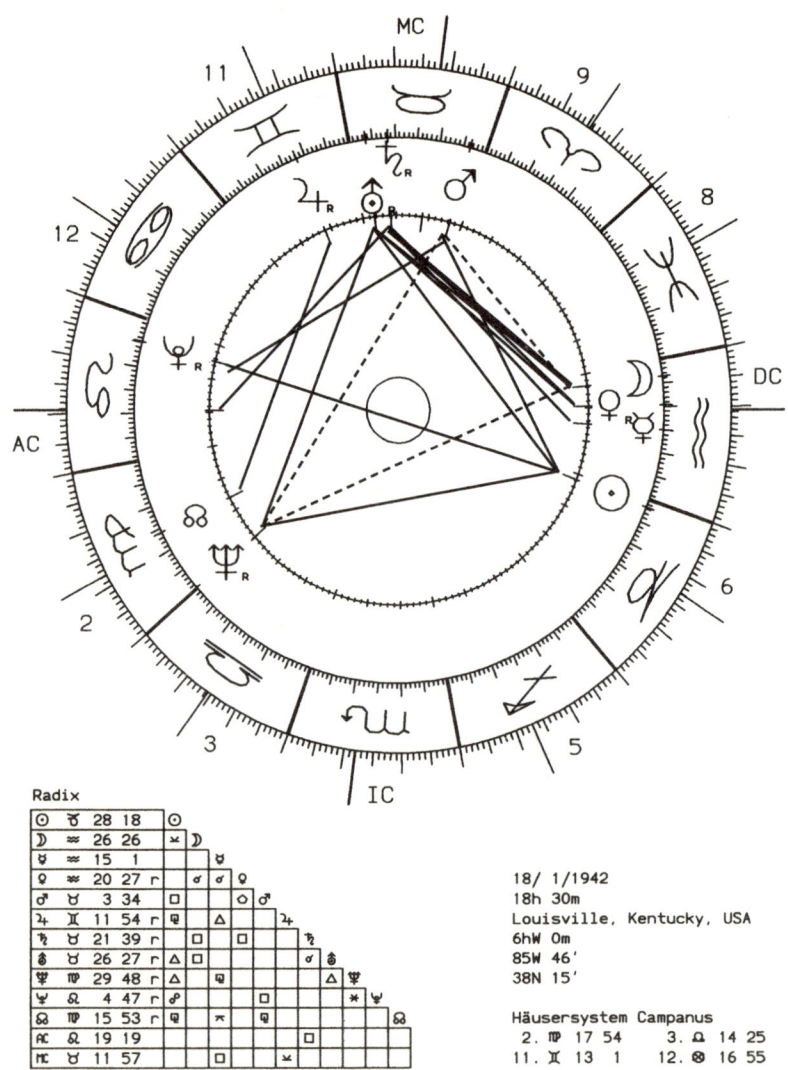

Radix

☉	♉	28	18	☉								
☽	≈	26	26	⚹	☽							
♅	≈	15	1			♅						
♀	≈	20	27	ᵣ	♂	♂	♀					
♂	♉	3	34	□			☍	♂				
♃	♊	11	54	ᵣ	⚹		△		♃			
♄	♉	21	39	ᵣ	□		□			♄		
⚷	♉	26	27	ᵣ	△	□				♂	⚷	
♇	♍	29	48	ᵣ	△		⚻				△	♇
♆	♌	4	47	ᵣ	☍			□				⚹	♆
☊	♍	15	53	ᵣ	⚻		⊼		⚻				☊
AC	♌	19	19						□			
MC	♉	11	57				□			⚺		

18/ 1/1942
18h 30m
Louisville, Kentucky, USA
6hW 0m
85W 46'
38N 15'

Häusersystem Campanus
  2. ♍ 17 54   3. ♎ 14 25
11. ♊ 13 1   12. ⊗ 16 55

106

Horoskop B

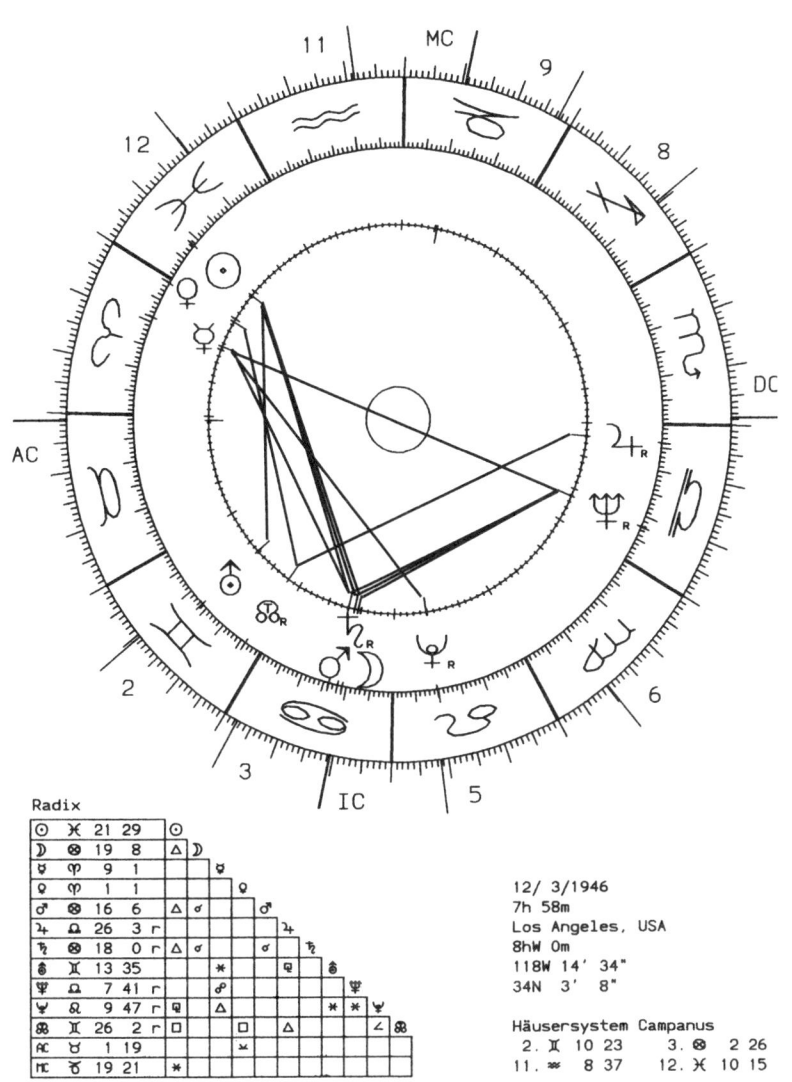

Radix

⊙	♓	21	29	⊙									
☽	⊗	19	8	△	☽								
☿	♈	9	1			☿							
♀	♈	1	1				♀						
♂	⊗	16	6	△	♂			♂					
♃	♎	26	3	r					♃				
♄	⊗	18	0	r	△	♂			♂	♄			
⚷	♊	13	35			*			⚹		⚷		
♆	♎	7	41	r		⚼						♆	
♅	♌	9	47	r	⚼	△				*	*	♅	
⊗	♊	26	2	r	□			□	△			∠	⊗
AC	♉	1	19				⚼						
MC	♉	19	21		*								

12/ 3/1946
7h 58m
Los Angeles, USA
8hW 0m
118W 14' 34"
34N 3' 8"

Häusersystem Campanus
2. ♊ 10 23   3. ⊗ 2 26
11. ♒ 8 37   12. ♓ 10 15

107

Horoskop C

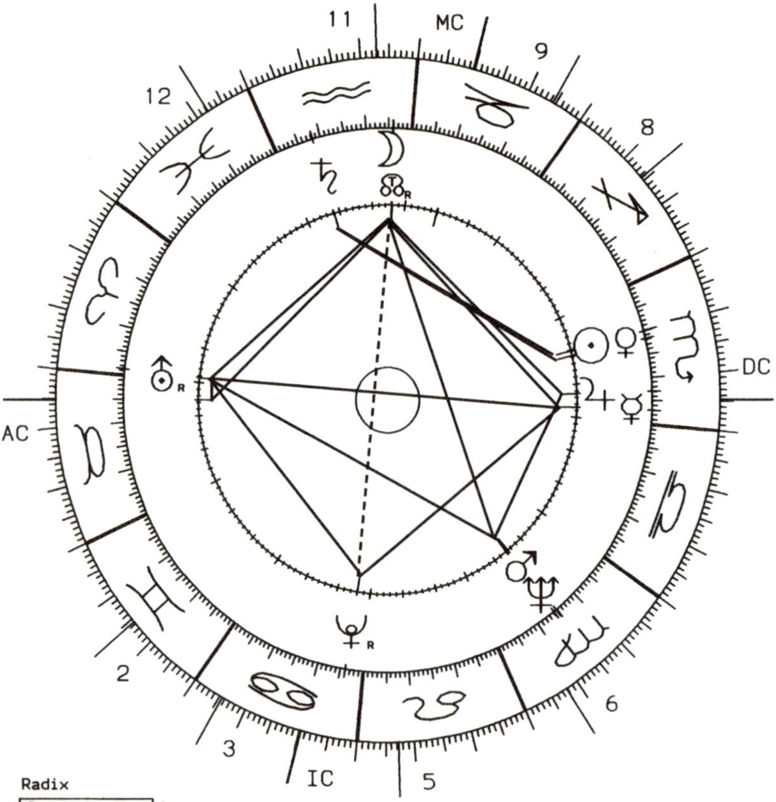

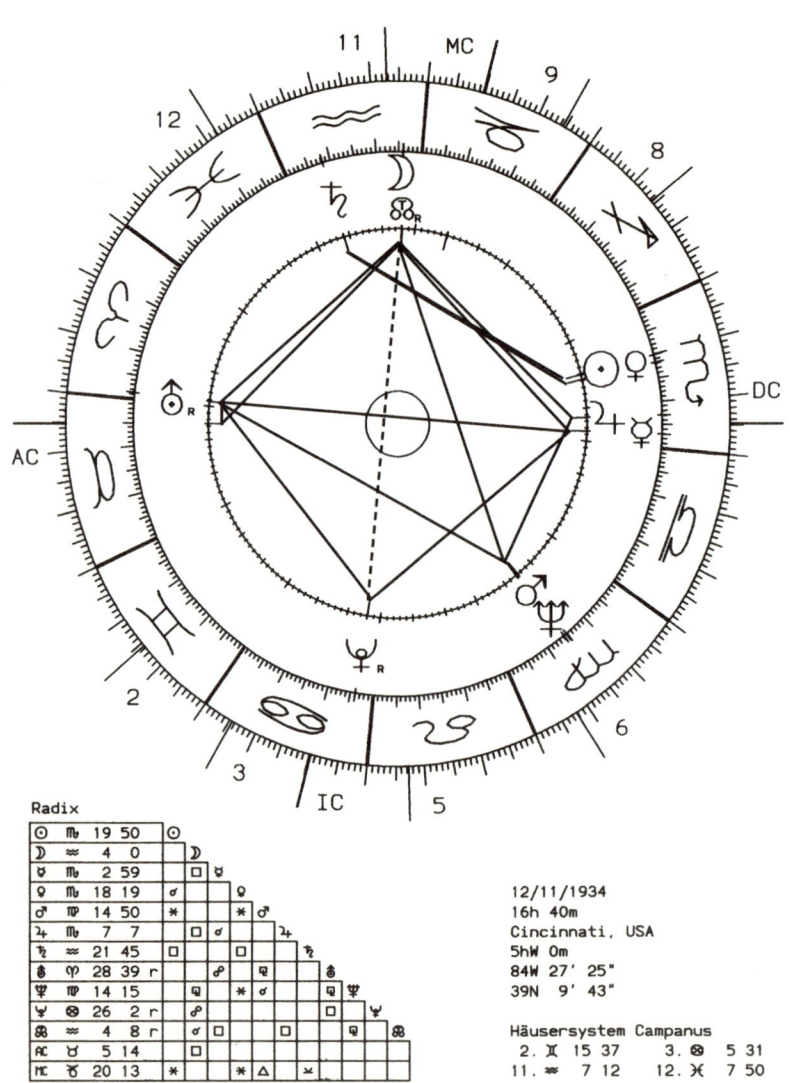

Radix

☉	♏	19	50		☉										
☽	♒	4	0			☽									
☿	♏	2	59			□	☿								
♀	♏	18	19		☌			♀							
♂	♍	14	50		⚹			⚹	♂						
♃	♏	7	7			□	☌			♃					
♄	♒	21	45		□			□			♄				
♅	♈	28	39	r			☍		⚼			♅			
♆	♍	14	15			⚼		⚹	☌			⚼	♆		
♇	♋	26	2	r		☍						□		♇	
☊	♒	4	8	r		☌	□			□			⚼		☊
AC	♉	5	14			□									
MC	♑	20	13		⚹			⚹	△		⚺				

12/11/1934
16h 40m
Cincinnati, USA
5hW 0m
84W 27' 25"
39N 9' 43"

Häusersystem Campanus

2. ♊ 15 37 3. ♋ 5 31
11. ♒ 7 12 12. ♓ 7 50

Horoskop D

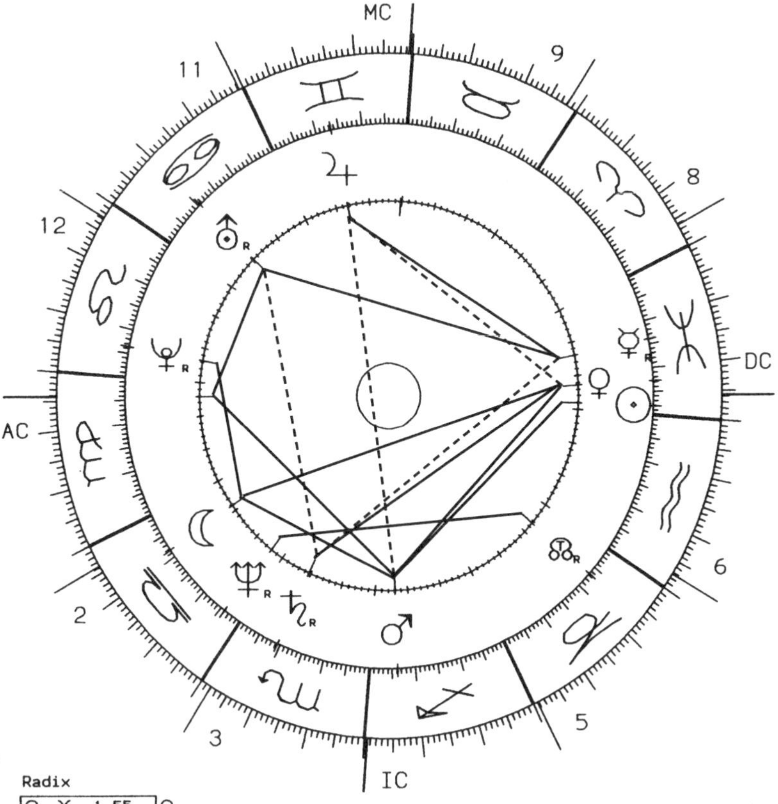

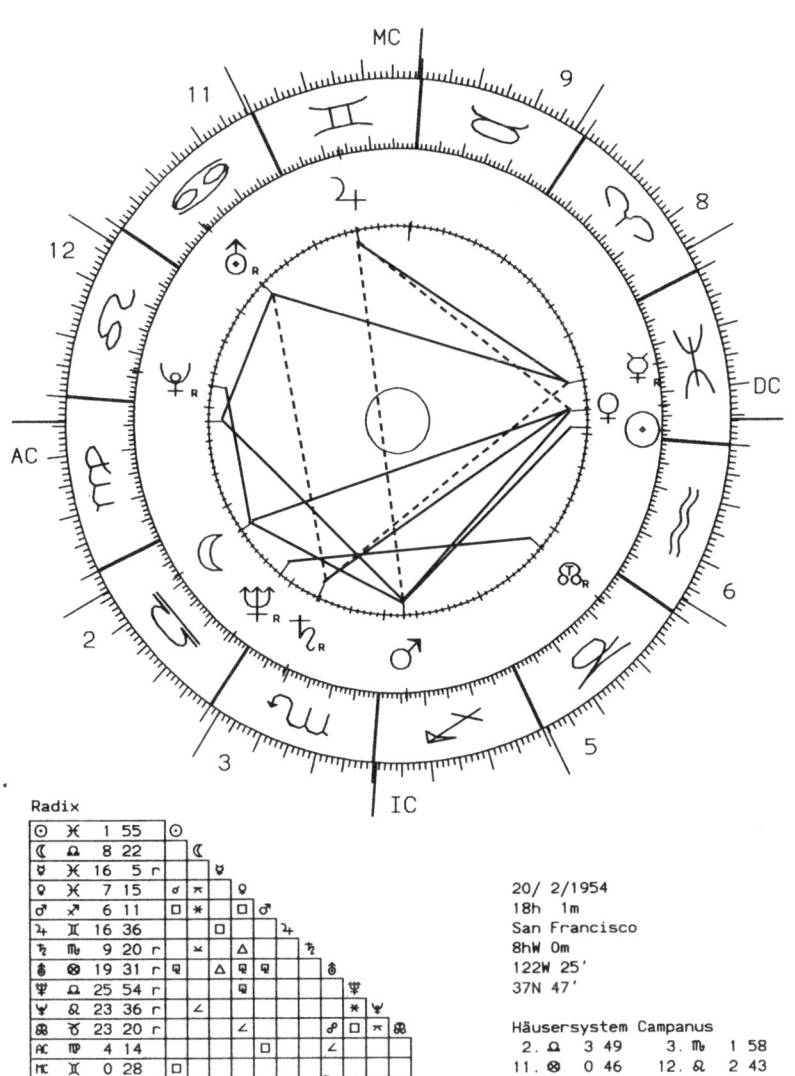

Radix

☉	♓	1	55		☉										
☽	♎	8	22			☽									
☿	♓	16	5	r			☿								
♀	♓	7	15		☌	⚻		♀							
♂	♐	6	11		□	✶		□	♂						
♃	♊	16	36				□			♃					
♄	♏	9	20	r		⚺		△			♄				
⛢	♋	19	31	r	⚼		△	⚼	⚼			⛢			
♆	♎	25	54	r				⚼					♆		
♇	♌	23	36	r		∠							✶	♇	
☊	♉	23	20	r				∠				☍	□	⚻	☊
AC	♍	4	14						□			∠			
MC	♊	0	28		□										

20/ 2/1954
18h 1m
San Francisco
8hW 0m
122W 25'
37N 47'

Häusersystem Campanus
2. ♎ 3 49 3. ♏ 1 58
11. ♋ 0 46 12. ♌ 2 43

Horoskop E

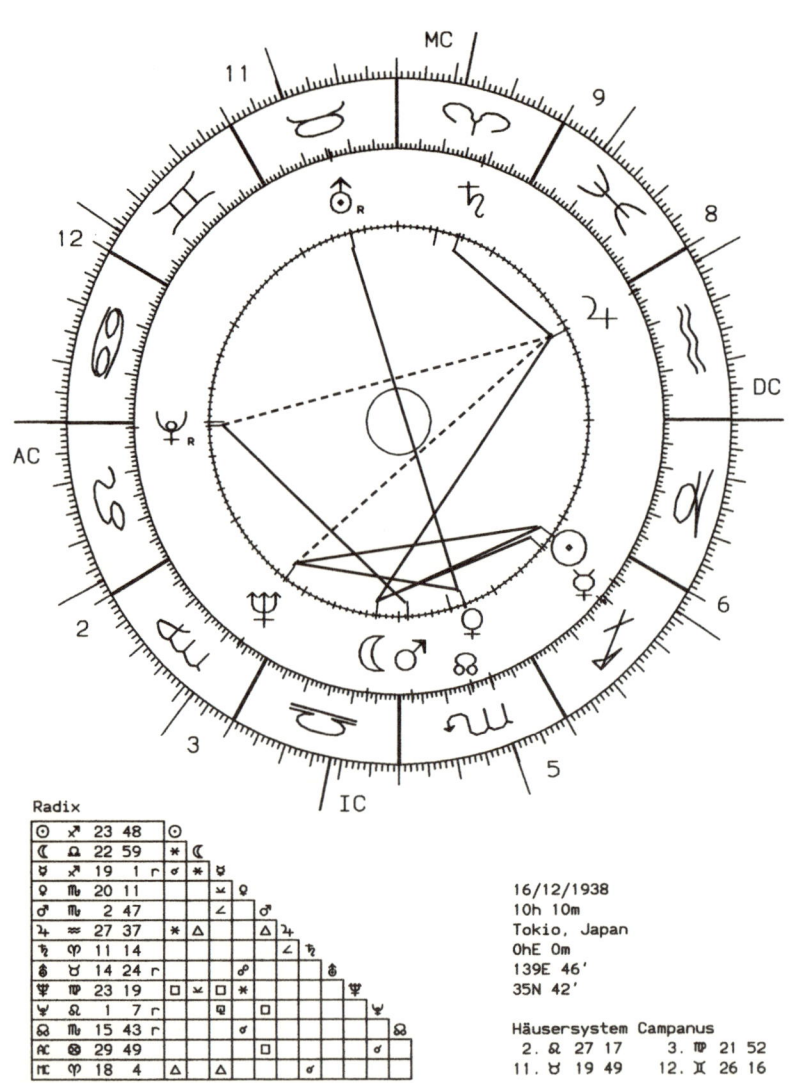

Radix

☉	♐	23	48	☉								
☾	♎	22	59	✳	☾							
☿	♐	19	1 r	♂	✳	☿						
♀	♏	20	11		⚻	✳	♀					
♂	♏	2	47			∠		♂				
♃	♒	27	37	✳	△		△	△	♃			
♄	♈	11	14				∠		∠	♄		
⚷	♉	14	24 r				☌				⚷	
♆	♍	23	19	□	⚹	□	✳					♆
♅	♈	1	7 r				⚼	□				
☋	♏	15	43 r					♂				☋
AC	⊛	29	49					□				♂
MC	♈	18	4	△		△			♂			

16/12/1938
10h 10m
Tokio, Japan
OhE Om
139E 46'
35N 42'

Häusersystem Campanus
  2. ♌ 27 17   3. ♍ 21 52
 11. ♉ 19 49   12. ♊ 26 16

110

Erläuterung der Beispiel-Horoskope

Die nachfolgenden Auflistungen ergeben sich aus den Antworten auf den Arbeitsbogen sowie den Anmerkungen zum Abschnitt F Achte bitte darauf, daß die Faktoren, die gemäß des Arbeitsbogens als besonders wichtig *klassifiziert wurden, hier fettgedruckt erscheinen.*

Horoskop A

Muhammed Ali, geboren am 18. 1. 1942 um 18.30 Uhr (CST = Central Standard Time) in Louisville (Kentucky/USA).

Quelle: *Horoscope magazine* und Robert Jansky, *Horoscopes Here and Now.* Anmerkung: *The American Book of Charts* verzeichnet als Geburtsdatum den 17. 1. 42 (Zeit: 18.35 Uhr).

A 1. *6,5 Punkte in Erde, 5,5 Punkte in Luft*
   2. *0 Punkte in Wasser*
   3. *10 Punkte in festen Zeichen*
   4. *1,5 Punkte in veränderlichen Zeichen*
   5. *Ein «Schnellzug»-Muster* (wenn auch ein Zwischenraum etwas größer als 60 Grad ist) mit der Sonne als erstem Planeten
   6. *T-Quadrat zum Mars im Stier im 9. Haus*;
      Großes Trigon im Element Erde und

111

nicht ganz exaktes *Yod zu Neptun*

7. Halbsextil zwischen Sonne und Mond
8. *Löwe-Aszendent*, Stier-MC
9. *6 rückläufige Planeten*

B 1. *Sonne im Steinbock im 6. Haus*
  2. *Mond im Wassermann im 7. Haus*
  3. Saturn (rückläufig) im Stier im 10. Haus
  4. Sonne im Steinbock im 6. Haus
  5. keine Eintragung
  6. *Saturn im 10., Venus im 7., Merkur am Ende des 6. Hauses*
  7. keine Eintragung
  8. keine Eintragung
  9. keine Eintragung
 10. *Venus im Wassermann* (1 Grad, 8 Minuten hinter dem Deszendenten)
 11. keine Eintragung
 12. keine Eintragung
 13. Saturn (7 Aspekte unter Berücksichtigung des weiten Trigons zu Neptun)
 14. keine Eintragung
 15. *Sonne* als «Lokomotive» des «Schnellzugs»;
    Sonne als Schlüsselplanet des Großen Trigons und des T-Quadrats;
    Mars im Brennpunkt des T-Quadrats;
    Mars als Schlüsselplanet der Yod-Figur und des T-Quadrats

C 1. 8 Quadrate
  2. keine Sextile (höchstens noch das Mond/Mars-Sextil aus der Yod-Figur)
  3. *Venus in Konjunktion zum Deszendenten* (Orbis: 1 Grad, 8 Minuten)
  4. *Mond/Uranus-Quadrat* (Orbis: 1 Minute),
    Venus/Saturn-Quadrat (Orbis: 1 Grad, 12 Minuten),
    Sonne/Neptun-Trigon (Orbis: 1 Grad, 30 Minuten)
  5. wegen der vielen anderen Punkte zu vernachlässigen

6. wegen der vielen anderen Punkte zu vernachlässigen

7. *Rezeption zwischen Venus und Uranus* (diese beiden Planeten stehen auch im Quadrat zueinander)

8. *aufsteigender Mondknoten in der Jungfrau am Ende des 1. Hauses; absteigender Mondknoten in den Fischen am Ende des 7. Hauses*
Die Mondknoten stehen im Quadrat zu Jupiter (Orbis: 3 Grad, 59 Minuten)

D 1. *Sonne:* 7 Punkte (davon 4 wegen zentraler Stellung in einer Planeten- und in einer Aspekt-Konfiguration)

2. Wassermann, Steinbock und Stier: je 4 Punkte

3. *6. Haus:* 5 Punkte

4. *Mond (im Wassermann) im Quadrat zu Uranus* (Orbis: 1 Minute)

E. keine Eintragung

F. *Die herausragenden Merkmale dieses Horoskops:*
Nur wenige Horoskope sind so stark wie das von Muhammed Ali. Selbst dann, wenn wir sehr wählerisch sind, bleiben neun Merkmale, die gründlich studiert werden sollten.

1. *10 Punkte in festen Zeichen*

2. *kein Punkt in Wasserzeichen*

3. *6 rückläufige Planeten*

4. *T-Quadrat zum Mars im Stier im 9. Haus*

5. *Großes Trigon im Element Erde (6,5 Punkte in Erd-Zeichen)*

6. *Mond (im Wassermann) im Quadrat zu Uranus (Orbis: 1 Minute)*

7. *Sonne (im 6. Haus im Steinbock) als Schlüsselplanet im «Schnellzug»-Muster*

8. *Saturn im 10. Haus am MC*

9. *Venus (im Wassermann) und Uranus (im Stier) in Rezeption*

Horoskop B

*Liza Minelli, geboren am 12. 3. 1946 um 7.58 Uhr (PST =
Pacific Standard Time) in Los Angeles (Kalifornien/USA).*

Quelle: Robert Jansky, *Horoscopes Here and Now.*

A 1. *6 Punkte in Wasser*
   2. 2 Punkte in Erde (nur Aszendent und MC)
   3. *9 Punkte in kardinalen Zeichen*
   4. 2 Punkte in festen Zeichen (Pluto und Aszendent)
   5. keine Eintragung
   6. *T-Quadrat zu Mars* (dieser steht in Konjunktion zu Saturn und Mond im Krebs am IC. Wenn hier rein technisch gesehen der Orbis für das T-Quadrat nur zu Mars gilt, so spalten wir doch eine enge Dreier-Konjunktion nicht in ihre Bestandteile auf)
   7. *Trigon Sonne/Mond* (Orbis: 2 Grad, 21 Minuten)
   8. *Stier-Aszendent,* Steinbock-MC
   9. *4 rückläufige Planeten*

B 1. *Sonne in den Fischen im 12. Haus*
   2. *Mond im Krebs im 4. Haus*
   3. Neptun (rückläufig) in der Waage im 6. Haus
   4. Venus im Widder im 12. Haus
   5. *Mond im Krebs*
   6. *Mond im 4. Haus*
   7. keine Eintragung
   8. keine Eintragung
   9. *Mond* (13 Minuten vor dem IC),
      Saturn (1 Grad, 21 Minuten vor dem IC),
      Mars (3 Grad, 15 Minuten vor dem IC)
   10. keine Eintragung
   11. keine Eintragung
   12. Mond als Endherrscher

13. Saturn, Mond und Mars (6 Aspekte unter Berücksichtigung
der MC/IC-Achse und eines etwas größeren Orbis beim
T-Quadrat)

14. keine Eintragung

15. *Mars* im Brennpunkt des T-Quadrats, durch Konjunktion
mit Saturn und Mond verbunden

C 1. 7 Quadrate (unter Berücksichtigung eines etwas größeren
Orbis beim T-Quadrat)

2. keine Eintragung

3. *Mond in Konjunktion zum IC* (Orbis: 13 Minuten),
Mond/Saturn-Konjunktion (Orbis: 1 Grad, 8 Minuten),
Mars/Saturn-Konjunktion (Orbis: 1 Grad, 54 Minuten)

4. *Merkur/Pluto-Trigon* (Orbis: 46 Minuten),
Merkur/Neptun-Opposition (Orbis: 1 Grad, 20 Minuten)

5. keine Eintragung

6. Parallelschein zwischen Pluto und Mond (unterstreicht die
herausragende Rolle des Mondes)

7. keine Eintragung

8. *aufsteigender Mondknoten in den Zwillingen im 2. Haus,
absteigender Mondknoten im Schützen im 8. Haus*
Zwischen dem aufsteigenden Mondknoten und Jupiter besteht ein Trigon (Orbis: 1 Minuten)

D 1. *Mond* in extrem starker Stellung: 9 Punkte

2. *Krebs:* 5 Punkte

3. *12. Haus:* 5 Punkte (wenn wir den Mond dem 4. Haus,
Saturn und Mars jeweils zur Hälfte diesem und dem 3. Haus
zurechnen, erhält Haus 4 trotzdem nur 4 Punkte)

4. *Mond in Konjunktion zum IC* (Orbis: 13 Minuten),
Merkur/Neptun-Opposition (Orbis: 1 Grad, 20 Minuten).
Von der Genauigkeit her stärker: die *Mond/Saturn-Kon-
junktion* (Orbis: 1 Grad, 8 Minuten)

E. keine Eintragung

F. *Die herausragenden Merkmale dieses Horoskops:*

1. *Mond im Krebs am IC (im eigenen Haus und als Endherrscher), in enger Konjunktion zu Saturn*
2. *9 Punkte in kardinalen Zeichen*
3. *Mars im Brennpunkt eines T-Quadrats, in Konjunktion zu Saturn und Mond*
4. *Sonne in den Fischen im 12. Haus; das 12. Haus ist betont*
5. *das Sonne/Mond-Trigon*
6. *6 Punkte in Wasserzeichen*
7. *kein Planet in einem Erdzeichen*
8. *aufsteigender Mondknoten in den Zwillingen im 2. Haus im exakten Trigon zu Jupiter*

Horoskop C

Charles Manson, geboren am 12. 11. 1934 um 16 .40 Uhr (EST = Eastern Standard Time) in Cincinnati (Ohio/USA).

Quelle: *American Astrology.*

A 1. **6 Punkte in Wasser**
   2. **1 Punkt in Feuer** (Uranus)
   3. **9 Punkte in festen Zeichen**
   4. 2 Punkte in veränderlichen Zeichen
   5. **«Wippe»-Muster**
   6. **Großes Kreuz in kardinalen und fixen Zeichen, weites Skorpion-Stellium im 7. Haus**
   7. kein Aspekt zwischen Sonne und Mond. Allerdings stehen deren Zeichen im Quadrat zueinander
   8. **Stier-Aszendent**, Steinbock-MC
   9. 2 rückläufige Planeten

B 1. **Sonne im Skorpion im 7. Haus**
   2. **Mond im Wassermann am Ende des 10. Hauses**
   3. Pluto (rückläufig) im Krebs im 4. Haus
   4. Venus im Skorpion im 7. Haus
   5. keine Eintragung
   6. Venus im 7. Haus (Merkur steht eigentlich noch im 6. Haus, entfaltet seine Wirkung jedoch mehr im 7.)
   7. keine Eintragung
   8. keine Eintragung
   9. keine Eintragung
   10. Jupiter und Merkur (Orbis jeweils 3 Grad)
   11. **Merkur** (gerade wieder direktläufig geworden; noch stationär)
   12. keine Eintragung
   13. Mond (6 Aspekte, wenn wir die Konjunktion zum aufsteigenden Mondknoten mitzählen)
   14. keine Eintragung

15. *Merkur* als Angelpunkt und Verbindung zwischen Stellium und Kreuz

C 1. 8 Quadrate (berücksichtigt: die zum Aszendenten; nicht berücksichtigt: die zu den Mondknoten)
  2. alle Hauptaspekte sind vorhanden (wenn auch die Sextile und Trigone sehr schwach sind)
  3. *Mond in Konjunktion zum aufsteigenden Mondknoten* (Orbis: 8 Minuten),
  Mars/Neptun-Konjunktion (Orbis: 35 Minuten),
  Sonne/Venus-Konjunktion (Orbis: 1 Grad, 29 Minuten – gibt der Venus zusätzliches Gewicht)
  4. *Mond/Merkur-Quadrat* (Orbis: 1 Grad, 1 Minute),
  Mond im Quadrat zum Aszendenten (Orbis: 1 Grad, 14 Minuten)
  5. Mars und Neptun stehen in der Halbsumme des Merkur/Pluto-Quadrats (Halbquadrate zu Pluto und Merkur)
  6. der Parallelschein zwischen Sonne und Venus sowie der zwischen Mars und Neptun verstärkt die Konjunktionen dieser Planetenpaare noch
  7. keine Rezeption (Mars regiert das Widderzeichen und nicht den Skorpion – Merkur im Skorpion und Mars in der Jungfrau stehen also nicht in Rezeption zueinander)
  8. *aufsteigender Mondknoten im Wassermann am Ende des 10. Hauses; absteigender Mondknoten im Löwen kurz vor dem 5. Haus*
  Der Mond steht in Konjunktion zum aufsteigenden Mondknoten (Orbis: 8 Minuten)
  Die Mondknoten stehen im Quadrat sowohl zu Merkur (Orbis: 1 Grad, 9 Minuten) als auch zum Aszendenten (Orbis: 1 Grad, 6 Minuten)

D 1. Merkur: 4 Punkte (Venus hat 3 Punkte, ist allerdings durch die Konjunktion mit der Sonne betont)
  2. *Skorpion:* 7 Punkte
  3. *7. Haus:* 7 Punkte (Merkur zählt zur Hälfte zum 6., zur Hälfte zum 7. Haus)

4. *Mond in Konjunktion zum aufsteigenden Mondknoten*
(Orbis: 8 Minuten),
Mars/Neptun-Konjunktion (Orbis: 35 Minuten).
Exaktestes Quadrat: Merkur/Mond (1 Grad, 1 Minute)

E 1. Deszendent in der Halbsumme zwischen Merkur und Jupiter
  2. die letzte Mondfinsternis vor der Geburt ergab sich auf 2
Grad, 48 Minuten im Zeichen Wassermann (in Konjunktion
zum Geburts-Mond)

F. *Die herausragenden Merkmale dieses Horoskops:*
  1. *9 Punkte in festen Zeichen*
  2. *6 Punkte in Wasser*
  3. *1 Punkt in Feuer*
  4. *Skorpion-Stellium im 7. Haus (Sonne im Skorpion im
7. Haus)*
  5. *Großes Quadrat in kardinalen und festen Zeichen*
  6. *nur wenige und schwache Trigone und Sextile*
  7. *«Wippe»-Muster*
  8. *Mond im Wassermann im 10. Haus in Konjunktion zum aufsteigenden Mondknoten dicht am Grad der letzten vorge-
burtlichen Mondfinsternis
Mond und Mondknoten im Quadrat zum Aszendenten, Merkur und Jupiter*

Horoskop D

Patty Hearst, geboren am 20. 2. 1954 um 18 .01 Uhr (PST = Pacific Standard Time) in San Francisco (Kalifornien/USA).

Quelle: *American Astrology.*

A 1. *6 Punkte in Wasser*
  2. *1 Punkt in Erde (Aszendent)*
  3. *8 Punkte in veränderlichen Zeichen*
  4. keine Eintragung
  5. schwach ausgeprägte «Streuung» (unbesetzter Bereich: 90 Grad)
  6. *T-Quadrat in veränderlichen Zeichen* mit Merkur und Venus als Brennpunkt-Planeten (bestehend aus genauen Quadraten zwischen Mars und Venus sowie Merkur und Jupiter), ein (schwaches) Großes Trigon in den Wasserzeichen
  7. *Quinkunx-Aspekt* zwischen Sonne und Mond (schwach)
  8. *Jungfrau-Aszendent*, Zwillings-MC
  9. *5 rückläufige Planeten*

B 1. *Sonne in den Fischen am Ende des 6. Hauses* (beeinflußt schon das 7.)
  2. *Mond in der Waage im 2. Haus*
  3. Neptun (rückläufig) in der Waage im 2. Haus
  4. Merkur (rückläufig) in den Fischen im 7. Haus
  5. keine Eintragung
  6. *Uranus im 11. und Venus im 7. Haus*
  7. keine Eintragung
  8. keine Eintragung
  9. keine Eintragung
  10. Venus (3 Grad, 1 Minute hinter dem Deszendenten), Sonne (2 Grad, 19 Minuten vor dem Deszendenten)
  11. keine Eintragung
  12. keine Eintragung
  13. Venus (6 Aspekte, bei größeren Orben beim T-Quadrat)

120

14. keine Eintragung
15. Merkur und Venus als Brennpunkt-Planeten im T-Quadrat

C 1. 8 Quadrate (bei erweiterten Orben im T-Quadrat)
2. keine Eintragung
3. Venus in Konjunktion zum Deszendenten (Orbis: 3 Grad, 1 Minute), Sonne in Konjunktion zum Deszendenten (Orbis: 2 Grad, 19 Minuten)
4. *Merkur/Jupiter-Quadrat* (Orbis: 31 Minuten), Venus/Mars-Quadrat (Orbis: 1 Grad, 4 Minuten)
5. Uranus im Halbquadrat zum Aszendenten (Orbis: 16 Minuten), Mond/Pluto-Halbquadrat (Orbis: 14 Minuten), Mond/Venus-Quinkunx (Orbis: 1 Grad, 7 Minuten). Überhaupt starke Verbindungen zwischen dem 2. und dem 7. Haus
6. der Parallelschein zwischen Sonne und Venus verstärkt die Konjunktion dieser beiden Planeten noch.
Der Parallelschein zwischen Jupiter, Uranus und Pluto betont den 4. Quadranten
7. *Rezeption zwischen dem Waage-Neptun und der Fische-Venus* (eine weitere Verbindung zwischen dem 2. und dem 7. Haus)
8. *aufsteigender Mondknoten im Steinbock im 5. Haus, absteigender Mondknoten im Krebs im 11. Haus*
Der absteigende Mondknoten steht in Konjunktion zu Uranus (Orbis: 3 Grad, 49 Minuten)
Die Mondknoten stehen im Quadrat zu Neptun (Orbis: 2 Grad, 34 Minuten)

D 1. *Venus: 6 Punkte*
2. *Fische: 6 Punkte*
3. *7. Haus:* 4,5 Punkte (Sonne zur Hälfte im 6. und zur Hälfte im 7. Haus gezählt)
4. Merkur/Jupiter-Quadrat (Orbis: 31 Minuten)

F. *Die herausragenden Merkmale dieses Horoskops:*
1. *6 Punkte und ein Großes Trigon in Wasser*
2. *8 Punkte in veränderlichen Zeichen*
3. *1 Punkt in Erde (Aszendent)*
4. *Venus im 7. Haus am Deszendenten in Rezeption zu Neptun*
5. *Sonne in den Fischen kurz vor dem Deszendenten im (weiten) Quinkunx zum Waage-Mond in Haus 2*
6. *T-Quadrat in veränderlichen Zeichen mit Merkur und Venus als Brennpunkt-Planeten in den Fischen im 7. Haus*
7. *Uranus im 11. Haus am absteigenden Mondknoten*
8. *5 rückläufige Planeten*

Horoskop E

Liv Ullman, geboren am 16. 12. 1938 in Tokio (Japan);
berichtigte Geburtszeit: 19.10 Uhr.

Quelle: *The Mercury Hour* und *Astrology Guide* (in beiden wird
als Geburtszeit 19.20 Uhr angegeben).

A 1. **6,5 Punkte in Feuer** (der Aszendent wird zur Hälfte zum
Krebs und zur Hälfte zum Löwen gerechnet)
2. 2 Punkte in Erde
3. 5,5 Punkte in festen Zeichen (der Punkt für den Aszendenten wird zwischen Krebs und Löwe geteilt)
4. 4 Punkte in veränderlichen Zeichen
5. keine Eintragung
6. keine Eintragung
7. Sextil zwischen Sonne und Mond (Orbis: 49 Minuten)
8. *Krebs- bzw. Löwe-Aszendent*, Widder-MC
9. 3 rückläufige Planeten (außerdem Saturn stationär)

B 1. **Sonne im Schützen am Ende des 5. Hauses**
2. **Mond in der Waage im 4. Haus**
3. Jupiter im Wassermann im 8. Haus
4. zwei Herrscher: Sonne im Schützen am Ende des 5. Hauses
und Mond in der Waage im 4. Haus
5. keine Eintragung
6. **Mond im 4. Haus,**
Sonne im 5. Haus (mit Einschränkung, weil am Ende des
Hauses stehend)
7. *Pluto* (1 Grad, 18 Minuten vor dem Aszendenten)
8. keine Eintragung
9. keine Eintragung
10. keine Eintragung
11. *Saturn* stationär bei gerade wieder aufgenommener direkt-
läufiger Bewegung
12. keine Eintragung

13. Mond und Merkur (jeweils 5 Aspekte)
14. keine Eintragung
15. keine Eintragung

C 1. 6 Quadrate
   2. keine Eintragung
   3. *Pluto in Konjunktion zum Aszendenten* (Orbis: 1 Grad, 18 Minuten)
   4. *Sonne/Neptun-Quadrat* (Orbis: 29 Minuten), *Sonne/Mond-Sextil* (Orbis: 49 Minuten)
   5. zwei Quinkunx-Aspekte zu Jupiter (kein Yod)
   6. der Parallelschein zwischen Mond und Mars hat eine konjunktionsähnliche Wirkung
      Uranus und Venus sowie Sonne und Pluto stehen einander im gleichen Abstand von der Ekliptik gegenüber, was bei den beiden ersteren die Opposition verstärkt und bei letzteren Pluto am Aszendenten betont
   7. keine Eintragung
   8. *aufsteigender Mondknoten im Skorpion am Ende des 4. Hauses, absteigender Mondknoten im Stier am Ende des 10. Hauses*
      Ersterer steht in Konjunktion zu Uranus (Orbis: 1 Grad, 19 Minuten), letzterer in Konjunktion zur Venus (Orbis: 4 Grad, 28 Minuten)

D 1. **Mond:** 4,5 Punkte (dabei zur Hälfte als Aszendenten-Herrscher gerechnet)
   2. Schütze: 4 Punkte
   3. 4. Haus: 4 Punkte (5. Haus: 3,5 Punkte, wobei die Sonne zur Hälfte zum 5. und zur Hälfte zum 6. Haus gezählt wird)
   4. Sonne/Neptun-Quadrat (Orbis: 30 Minuten)

E 1. die letzte Mondfinsternis vor der Geburt: im Zeichen Stier, auf 14 Grad, 53 Minuten (in Konjunktion zu Uranus)
   2. Saturn eleviert (dem MC am nächsten)

F. *Die herausragenden Merkmale dieses Horoskops:*
1. *6,5 Punkte in Feuer*
2. *Pluto am Aszendenten*
3. *Sonne im Schützen kurz vor der Spitze des 6. Hauses*
4. *Mond in der Waage im eigenen Haus*
5. *Sonne/Mond-Sextil. Diese beiden Planeten herrschen über den Krebs/Löwe-Aszendenten*
6. *Saturn stationär (gerade wieder direktläufig geworden) im 9. Haus am MC*
7. *Sonne/Neptun-Quadrat (Orbis: 29 Minuten)*
8. *Uranus in Konjunktion zum absteigenden Mondknoten im 10. Haus*

Ein
Interpretations-Beispiel

Horoskop E

Es folgt eine Interpretation der Hauptmerkmale des Horoskops von Liv Ullman, einer Schauspielerin, die für ihre Arbeit mit verschiedenen Preisen ausgezeichnet wurde. Ergänzt wird diese Interpretation durch Anmerkungen, die zum Großteil der Autobiographie Wandlungen *sowie dem von Bernie Garfinkel verfaßten Buch* Liv Ullman und Ingmar Bergman *entstammen.*

A 1. *6,5 Punkte in Feuer*

Eine Anzahl von 6,5 Punkten in Feuer-Zeichen weist darauf hin, daß Liv Ullman eine kraftvolle und antriebsstarke Persönlichkeit ist. Sie verfügt über eine optimistische und enthusiastische Lebenseinstellung und die Bereitschaft, sich voll und ganz auf neue Erfahrungen einzulassen. Bei ihrer äußerst stark ausgeprägten Subjektivität könnte sie Schwierigkeiten damit haben, Abstand zu ihren intensiven Emotionen zu gewinnen. Liv Ullman ist aber in jedem Fall in der Lage, sich auf dramatische, direkte und kreative Weise zum Ausdruck zu bringen.

B 1. *Sonne im Schützen am Ende des 5. Hauses*

In der Sonne im Zeichen Schütze können wir einen weiteren Hinweis auf die positive und nach außen gerichtete Lebenseinstellung von Liv Ullman sehen. Persönliche Freiheit bedeutet ihr viel, und sie hat das Verlangen, ihr Bewußtsein durch Reisen und durch neue Erfahrungen zu erweitern. Ihr Selbstausdruck ist direkt und ehrlich, und sie macht sich viele Gedanken über den Sinn und die Bedeutung der Dinge, die in ihrem Leben geschehen. Zugleich versucht sie, die gefundenen Erkenntnisse in Begriffe zu fassen und anderen mitzuteilen.

Da sich die Sonne am Ende des 5. Hauses befindet, übt sie schon einen Einfluß auf das 6. Haus aus. Das 5. Haus steht für den Wunsch, die eigenen kreativen Fähigkeiten so gut wie möglich zu entwickeln und vor allem die Kreativität und Intuition auf sinnvolle und inspirierende Weise – der Schütze-Natur gemäß – zum Ausdruck zu bringen. Liv Ullman kann im gleichen Moment unterhalten und sich als tiefgründige Denkerin darstellen. Als Schauspielerin genießt sie es, im Mittelpunkt zu stehen; sie gibt den Menschen, die ihre Offenheit, Einsicht und Begabung schätzen, großzügig von sich selbst.

Dieser Einfluß des 5. Hauses kommt auch in ihrer Neigung zu Affären zum Tragen. Sie ist immer wieder in Liebesbeziehungen zu Männern emotionale Risiken eingegangen, wobei es für sie eine Voraussetzung war, daß es sich um Männer handelte, die sich ihrem Wunsch nach Freiheit und persönlicher Weiterentwicklung nicht in den Weg stellten. Ihre Auffassung vom Leben hat sich durch ihre Liebeserlebnisse und ihre Beziehung zu Kindern vertieft. Ihr eigenes Kind hat den verspielten, ungebundenen Geist in ihr selbst wieder zum Vorschein gebracht. Lin, ihrer Tochter, gibt Liv Ullman alles von sich selbst – sie will ihr dabei helfen, die eigene Entwicklung zu meistern und die eigenen Erfahrungen zu verstehen.

Der Einfluß ihrer Schütze-Sonne auf das 6. Haus bedeutet, daß Liv Ullman sich eine Arbeitssituation wünscht, in der sie sich ihrer inneren Einstellung gemäß frei zum Ausdruck bringen kann. Sie liebt es, im Rahmen ihrer Arbeit zu reisen, Kontakte zu neuen Menschen zu schließen und neue Orte kennenzulernen. Sie steht gerne im Rampenlicht, ist aber auch in der Lage, sich mit einer untergeordneten Rolle zu begnügen. Das, was sie als ihre Pflicht ansieht, erfüllt sie gewissenhaft und mit großem Engagement. Da das 6. Haus auch für die Gesundheit steht und die Sonne der Mitregent des Aszendenten ist, achtet sie sehr auf ihren Körper, indem sie sich bewußt ernährt und lange Spaziergänge in der freien Natur unternimmt.

Weil die Sonne sich sowohl im 5. als auch im 6. Haus bemerkbar macht, sind diese beiden Lebensbereiche miteinander verbunden. Ihre anspruchsvolle Tätigkeit läßt ihr nur wenig freie Zeit; ihre Arbeit hat zu tun mit dem kreativen und dramatischen Selbstausdruck. In ihrer Beziehung zu Männern und zu ihrem Kind ist sie sich ihrer Verantwortung und ihrer Verpflichtungen bewußt – sie möchte helfen, wo immer sie kann, und versucht, so gut es geht, für andere dazusein.

Anmerkung:
Diese Interpretation wird durch das, was Liv Ullman in ihrer Autobiographie schreibt, bestätigt. In dieser macht sie sich auf ehrliche und nachdenkliche Weise Gedanken zu ihrer Theater- und Filmkarriere sowie zu der Ehe mit Jappe und den fünf Jahren, die sie mit Ingmar Bergman zusammengelebt hat. Ihre Schütze-Sonne kommt deutlich zum Vorschein, wenn sie über ihre Theater-Auftritte schreibt: »*Ich sehne mich nach dem Gefühl der Freiheit, das mich erfüllt, wenn das Publikum schweigt oder lacht. Für mich ist nicht der Applaus nach der Vorstellung die Belohnung, sondern dieser Kontakt.*« *Nachdenklich fügt sie hinzu:* »*Wie schön es ist, soviel Freiheit, soviele Möglichkeiten zu haben. Ich bin frei, wenn ich es will, ich bin mein eigener Schöpfer, mein eigener Ratgeber. Meine Entwicklung und meine Entfaltung hängen davon ab, wie ich mich entscheide, wenn ich eine Wahl treffen muß. In mir liegt meine Zukunft begründet.*«

C 4. *Das Sonne/Neptun-Quadrat*

Der genaueste Aspekt des Horoskops, das Quadrat von der Sonne zu Neptun an der Spitze des 3. Hauses, zeigt, daß ein beträchtliches Ausmaß von innerer Unsicherheit und Selbstzweifeln vorhanden ist. Es ist denkbar, daß Liv Ullman als kleines Kind ihr Ego auf passive Weise gestärkt hat, indem sie sich vorstellte, in der Zukunft erfolgreich zu sein und geliebt zu werden. Mit diesem Quadrat mag auch heute noch die Neigung bestehen, vor äußerlichem Druck sowie den Gefühlen von Minderwertigkeit durch die Fantasie zu entfliehen. Liv Ullman kann dies gemäß dem 3. Haus tun – durch Lesen, kleine Reisen und den Kontakt zu den verschiedensten Menschen – oder auf die dem 5. beziehungsweise 6. Haus entsprechende Weise: indem sie sich in ihre schöpferische Arbeit versenkt.

Dieses Quadrat verweist auch auf eine schwache Vaterfigur – vielleicht war ihr Vater in den ersten Lebensjahren für sie nicht greifbar, und die Beziehung zu ihm spielte sich nur in ihrer Vorstellung ab. Als Erwachsene dürfte sie nun die Neigung haben, sich in den Beziehungen zu Männern etwas vorzumachen. Sie ist verliebt in die eigenen romantischen Erwartungen und fällt hart auf den Boden der Tatsachen, wenn sie das Objekt ihrer Gefühle so sieht, wie es wirklich ist. Dabei reagiert sie sehr sensibel auf die Bedürfnisse der Mitmenschen. Ihre Ideale im Hinblick auf das eigene Verhalten sind so hoch, daß sie sich schuldig fühlt, wenn sie sich einmal nicht liebevoll und anteilnehmend zeigt.

Eine der positiven Dimensionen des Sonne/Neptun-Quadrats ist, daß es sie motiviert, ihre Fantasie und ihren Idealismus offen darzustellen, wobei die Kreativität Neptuns die Sonne in ihrem Selbstausdruck unterstützt. Neptun bedeutet Überempfindlichkeit – zugleich aber auch eine hochentwickelte Vorstellungskraft, großes Einfühlungsvermögen und tiefes Mitgefühl. Liv Ullman reagiert nicht nur äußerst sensibel auf die Gefühle anderer Menschen, sie kann ihre Einfühlsamkeit auch als Schauspielerin benutzen, indem sie sich emotional vollständig mit der dargestellten Figur identifiziert.

Anmerkung:

Liv Ullmans Vater starb, als sie sechs Jahre alt war. Sie hat ihn idealisiert und ständig Fantasien über fremde Männer entwickelt – daß diese ihr Vater wären oder daß gutaussehende Prinzen sie des Nachts mitnähmen. Ihren ersten Mann betrachtete sie als ihren Retter und Beschützer. Als sie erkannte, daß er diesen Erwartungen nicht gerecht werden würde, wandte sie sich Ingmar Bergman zu. Nun wurde dieser zu einer Art Gott für sie, der ihr ein traumhaftes Leben auf einer abgeschiedenen Insel ermöglichen sollte. Diese beiden wichtigen Männer ihres Lebens waren sehr «neptunisch»: der eine ein Psychiater, der andere ein Filmregisseur.

Eines der Themen in Liv Ullmans Autobiographie ist ihre über-
große Sensibilität den Menschen gegenüber, die sie liebt: »Ich
sehe mich selbst wie ein Sieb. Jedermanns Gefühle gehen durch
mich hindurch«, schreibt sie. Voller Schuldgefühle, weil sie nicht
fähig war, Ingmar Bergman und ihrer Tochter gleichermaßen ge-
rechtzuwerden, notiert sie: »Ich lief von einem zum anderen, im-
mer mit schlechtem Gewissen. Nie war ich fähig, das, was ich
selbst so gern bekommen hätte, rückhaltlos zu geben.«

Liv Ullman zeigte in frühen Jahren zwar große Schüchternheit,
Selbstzweifel und das Gefühl, den Ansprüchen nicht zu genügen,
konnte aber doch schon zu ihrer Schulzeit ihre Kreativität in das
Schreiben und Aufführen von Theaterstücken und in die Schau-
spielerei einfließen lassen. Mit 20 arbeitete sie bereits als profes-
sionelle Schauspielerin. Sie ist das außergewöhnliche Beispiel
einer Frau, die bei aller Verwirrung ihr Sonne/Neptun-Quadrat
konstruktiv anzuwenden gelernt hat. Das emotionale Chaos ihrer
ersten Liebesbeziehungen wurde dabei zu einer reichen Quelle,
aus der sie für ihre Rollen schöpfen konnte. »Ich frage mich, ob
ich kurz vor einem Nervenzusammenbruch stehe«, schrieb sie ein-
mal. »Und wenn dem so wäre: Ob ich ihn wirklich kunstvoll dar-
stellen kann?« Die Desillusionierung, die sie in der Liebe erlebte,
vertiefte ihre Selbsterkenntnis; sie führte dazu, daß sie sich als
Persönlichkeit weiterentwickelte und sich in der Folge als eine be-
gabte und inspirierende Frau zum Ausdruck gebracht hat. »Ich
sollte zu jemandem erzogen werden, der gefiel und niemanden
durch seine Gegenwart stören sollte«, schreibt sie in ihrem Buch.
»Als ich begann, wirklich ich selbst zu sein, fühlte ich, daß ich
mehr zu geben hatte.«

B 2. Mond in der Waage im 4. Haus

Liv Ullmans Mond, im eigenen Haus und im Zeichen Waage, ist
sehr stark gestellt. Der Waage-Einfluß weist auf ein starkes Bedürfnis nach engen persönlichen Beziehungen hin, aber auch auf
die Tendenz, von einem Partner emotional abhängig zu werden,
wenn dieser die ersehnte Sicherheit bietet. Liv Ullman ist liebens-
würdig, charmant und aufmerksam; sie hat den ausgeprägten
Wunsch, anderen zu gefallen und beliebt zu sein. Da Spannungen

in persönlichen Beziehungen ihr sehr zu schaffen macht, hat sie – zumindest in der Vergangenheit – versucht, den Erwartungen der anderen gerechtzuwerden, um damit die Harmonie zu sichern. Allerdings blieb sie selbst dadurch, daß sie das Glück der anderen über ihr eigenes stellte, unbefriedigt und unentschlossen im Hinblick auf die eigenen Wünsche. Glücklicherweise bedeutet der Mond in der Waage auch, daß sich der Mensch nach innen wenden kann, wenn das Gleichgewicht bedroht ist. Frieden und Ausgeglichenheit sind Ziele, die sowohl in den Beziehungen als auch in der eigenen Person angestrebt werden können.

Liv Ullmans Mond im 4. Haus läßt auf eine enge Mutterbindung schließen sowie auf den Drang, im häuslichen Bereich selbst die Mutterrolle zu übernehmen. Er kann auch die starke Sehnsucht verkörpern, von jemandem bemuttert und beschützt und emotional versorgt zu werden. Liv Ullman lebt in ihren Gefühlen. Diese verlangen ihre volle Aufmerksamkeit und erfüllen sie manchmal mit innerer Rastlosigkeit. Sie bilden zugleich aber auch ein inneres Fundament – sie stellen gewissermaßen den psychischen «Treibstoff» dar, der es ihr ermöglicht, in vielen Lebensbereichen Erfüllung zu finden. Ihr Heim bedeutet ihr sehr viel – dort fühlt sie sich am sichersten. Immer wieder hat sie das Bedürfnis, sich von der Welt zurückzuziehen und sich in ihrer idyllischen Zuflucht zu verstecken. Dort ist sie in der Stille bei sich und den Menschen, die sie liebt.

Anmerkung:
Für Liv Ullman, einziges Kind ihrer Eltern, waren Frauen – ihre Mutter und ihre Großmutter – die zentralen Figuren im Leben. Als sie heiratete, erwartete sie, auch von ihrem Ehemann bemuttert zu werden. »Ich war abhängig und glücklich, daß er der Stärkere war und sich gerne um mich kümmerte«, schreibt sie über ihr Verhältnis zu Jappe. Auch noch in dem Moment, als sie ihn wegen Ingmar Bergman verließ, sagte sie: »Ich suchte absolute Sicherheit und absoluten Schutz. Ich hatte ein großes Bedürfnis, zu jemandem zu gehören.« Sie hoffte, daß sich das häusliche Zusammenleben mit Bergman als Paradies erweisen würde. Die Armut und Unfruchtbarkeit der Insel, auf der sie lebten, störte sie zwar, doch konnte sie sich völlig in ihrem Zusammensein verlieren. »Außerhalb von

uns existierte nichts«, schreibt sie über diese Zeit. Dabei fühlte sie sich in ihrem Innersten doch einsam – sie sehnte sich nach mehr Kontakt, als Bergman ihr bieten konnte.

Auf Reisen hatte sie häufig Heimweh; zurückgekommen, nahm sie voller Freude ihr häusliches Leben, welches sie inneren Frieden finden ließ, wieder auf. Allzu oft allerdings klingelte das Telefon; es brachte ihr in immer stärkerem Maße neue Verpflichtungen, was sie schließlich ausrufen ließ: »Gibt es denn keinen Platz auf der Welt, wo ich in Ruhe gelassen werde?«

Liv Ullmans Liebe zu ihrer Tochter Lin wird in der Autobiographie sehr deutlich – ebenso wie ihr Schuldgefühl, ihren mütterlichen Pflichten vielleicht nicht genügt zu haben. Erkennbar wird auch die Unsicherheit, daß sie möglicherweise die Erwartung der Menschen ihrer Heimatstadt enttäuscht hat, sich voll und ganz ihrer Familie zu widmen. Die Reaktionen dieser Menschen sowie die ihres ersten Mannes und die von Bergman haben sie immer stark beeinflußt. »Ich habe eine Menge Zeit damit verbracht, mich nach dem zu richten, von dem ich annahm, daß andere es von mir wollten«, sagt sie über sich selbst. »Die Angst, jemanden zu verletzen, die Furcht vor Autoritäten und das Bedürfnis nach Liebe haben mich in die hoffnungslosesten Situationen gebracht. Ich habe meine eigenen Wünsche und Sehnsüchte unterdrückt und im Bestreben, anderen zu gefallen, all das getan, was meiner Meinung nach von mir erwartet wurde.« Doch Liv Ullman bemerkt dann, daß sie nach der Trennung von Bergman, statt weiterhin nach einem Beschützer zu suchen, sich bald auf sich selbst zu besinnen begann. Im vollen Bewußtsein ihrer eigenen Empfindungen und ihrer Stärke ist es ihr dann gelungen, innere Sicherheit und Frieden zu erfahren.

C 4./A 8. Das Sonne/Mond-Sextil und der Krebs/Löwe-Aszendent

Das Sextil zwischen der Schütze-Sonne und dem Mond in der Waage gewinnt eine besondere Bedeutung, weil der Aszendent im letzten Tierkreisgrad des Zeichens Krebs, unmittelbar vor dem Zeichen Löwe, steht und er insofern von der Sonne und dem Mond beherrscht wird. Dieses Sextil zeigt uns, daß Liv Ullman in Übereinstimmung mit ihren Gefühlen lebt und in der Lage ist, sie auf spontane und freie Weise zum Ausdruck zu bringen. Ihre emotionale Energie und ihre große Vitalität unterstützen ihre Fähigkeit, sich voll und ganz auf ihre Erfahrungen einzulassen und ihre schöpferische Begabung auf produktive Weise darzustellen.

Sie hat Freude daran, sich anderen zu präsentieren und neue Erfahrungen zu machen, und sie findet ihr Leben ziemlich erfüllend. Die Beziehung zwischen ihren Eltern lief harmonisch ab, und sie selbst hat zum Familienleben und auch zu Männern im allgemeinen eine positive Einstellung. Geliebten Menschen gegenüber zeigt sie sich emotional offen und feinfühlig; dabei kann sie die Liebe der anderen annehmen, was sie stärkt. Die Waage/Schütze-Verbindung zwischen Sonne und Mond bedeutet, daß in den persönlichen Beziehungen Ehrlichkeit und Diplomatie zum Ausdruck kommen sowie der Wunsch, großzügig zu geben und das Wissen um die menschlichen Beweggründe zu erweitern.

Normalerweise weist ein Sextil zwischen Sonne und Mond darauf hin, daß sich der Mensch akzeptiert und sich selbst vertraut. Im Fall von Liv Ullman sind diese Eigenschaften durch das exakte Sonne/Neptun-Quadrat abgeschwächt. Wie bereits erwähnt, läßt dieses Quadrat auf Unsicherheit schließen, die aus der übergroßen Sensibilität für die Gefühle der anderen und aus der Unfähigkeit resultiert, den hochgesteckten eigenen Idealen zu entsprechen.

Durch das Sonne/Mond-Sextil wird auch eine Verbindung zwischen dem 4., dem 5. und dem 6. Haus geschaffen, welche es ihr ermöglicht, für ihre Rollen als Schauspielerin aus den tiefsten Gefühlen und Erfahrungen zu schöpfen. Zugleich kann sie damit auch viele ihrer emotionalen Bedürfnisse durch kreative Arbeit erfüllen.

Der Mond als Herrscher des Aszendenten trägt zu ihrem sanften, freundlichen und liebenswürdigen Auftreten bei und zu der einfühlsamen Weise, in der sie sich anderen gegenüber darstellt. Wenn aber die Sonne die krebshafte Schüchternheit durchbricht, wird Liv Ullmans Selbstausdruck strahlend und dynamisch.

Anmerkung

Die obige Interpretation wird durch Liv Ullmans Autobiographie bestätigt. Ihr Vater starb, als sie erst sechs Jahre war. Ihr Eindruck von der Beziehung ihrer Eltern war, daß sie harmonisch verlief. Auch ihre eigene Ehe – obwohl nicht von Dauer – war als erfreulich einzustufen, und weder diese noch die fünf Jahre dauernde Beziehung zu Ingmar Bergman haben ihre Einstellung Männern gegenüber negativ beeinflußt.

Liv Ullmans kombinierte Waage/Schütze-Energie zeigt sich in ihren ehrlichen Äußerungen über sich selbst und ihre Beziehungen. Dabei zögert sie nicht, die Aufgesetztheit des Lebens in Hollywood anzuprangern, wahrt allerdings die dunklen Geheimnisse der Menschen, die sie kennengelernt hat. Und bezugnehmend auf eine Frau, die im Fernsehen allzu wahrheitsgetreu über ihren Ehemann berichtet hatte, sagt sie, daß es in vielen Situationen nichts Falscheres gibt, als ehrlich zu sein.

Was ist aber, wenn das Löwezeichen am Aszendenten das Zeichen Krebs überwältigt? »Ich kann niemals verbergen, wer und was ich bin«, sagt Liv Ullman, als sie über die Tiefe ihrer Empfindungen spricht. Und dann faßt sie in einer Bemerkung die Bedeutung ihres Waage-Mondes im 4. Haus und ihrer Schütze-Sonne zusammen: »Früher habe ich mir immer gewünscht, in einer Jackentasche zu wohnen – um nach Lust und Laune hinaus- und wieder hineinschlüpfen zu können.«

B 7. *Der rückläufige Pluto am Aszendenten*

Natürlich wird der Krebs/Löwe-Aszendent durch den nur ein Grad entfernten aufsteigenden Pluto beeinflußt. Aufgrund dessen Rückläufigkeit ist sich Liv Ullman ihrer plutonischen Eigenschaften (zum Beispiel dem Machtbedürfnis oder dem Wunsch, sich über alles hinwegzusetzen) nicht bewußt. Sie kann diese deshalb nicht offen zum Ausdruck bringen – sie erfährt und zeigt vielmehr die psychologische, subjektive Seite Plutos. Liv Ullman hat das Verlangen, ihre inneren Tiefen auszuloten, und sie will mit den ursprünglichen und intensiven Gefühlen, die es dort gibt, in Berührung bleiben. Sie vertieft und transformiert ständig ihre Selbsterkenntnis, indem sie sich mit ihren Krisen – die es in großer Zahl gibt – auseinandersetzt. Das hilft ihr, sich selbst zu regenerieren.

Liv Ullman ist eine gefühlsbetonte und leidenschaftliche Person, die ihre inneren Stärken kennt und weiß, welche Turbulenzen in ihr brodeln und freigesetzt werden wollen. Ihr Leben spiegelt den fortwährenden psychischen Prozeß von Tod und Neugeburt wider. Sie ist sich der harten Realität des physischen Todes bewußt, mit dem sie schon als kleines Kind auf traumatische Weise konfrontiert wurde. Aufgrund des damit verbundenen emotionalen Aufruhrs wandte sie sich nach innen und entwickelte ein Gefühlsleben, das reicher und dabei von größeren Schmerzen geprägt war als das der anderen Kinder. Dies hatte zur Folge, daß sie sich isoliert fühlte und ihre Erfahrungen mit niemandem teilen konnte. Sie sah sich auch nicht imstande, die einfachen und oberflächlichen Tätigkeiten zu genießen, mit denen sich die meisten Kinder die Zeit vertreiben.

Bei aller Offenheit trägt Liv Ullman ein verborgenes Leben in sich, das in frühen Kinderjahren entstand. Sie verspürt möglicherweise eine Scheu, dieses in all seinen Facetten zu enthüllen. Hierin könnte auch der Grund liegen, daß sie sich auch jetzt als Erwachsene noch manchmal isoliert fühlt – wenn sie merkt, wie wenige Menschen sich darum bemühen, mit den dämonischen, aber zugleich heilenden Kräften des Unterbewußtseins in Verbindung zu kommen. Glücklicherweise beherrscht Pluto das 5. Haus – was es ihr möglich macht, die turbulenten plutonischen Energien in sexuelle oder freundschaftliche Beziehungen sowie in ihre dramatischen und psychologischen Rollen einfließen zu lassen. Wenn Pluto auch rückläufig ist, so bedeutet er doch immer noch eine sehr große Kraft. Er läßt darauf schließen, daß Liv Ullman ihre Willensstärke aus tiefsten inneren Ebenen bezieht und alle ihre Energien mobilisiert, um sich zu transformieren und ihre Wünsche zu erfüllen.

Anmerkung:
Die Themen Selbsterkenntnis, Transformation, Einsamkeit und Tod beherrschen die Biographie von Liv Ullman. »Ich lebe in einem fortwährenden Zustand des Wandels, und bin doch in meinem tiefsten Inneren nichts als ein junges Mädchen, das nicht sterben will«, schreibt sie über sich selbst. An einer anderen Stelle fügt sie

hinzu: »Ständig versuche ich, mich zu verändern, ... Frieden zu finden, damit ich mich niederlassen und unbeeinflußt auf das hören kann, was in mir ist.« Über ihre eigene zarte und sanfte Erscheinung sagt sie: »Ich staune, daß soviel Zorn hinter einer so sanften Fassade verborgen sein kann.«

Das ganze Buch über wird deutlich, wie stark die Erlebnisse der Kindheit auch heute noch in ihr wirken. »Mein Gedächtnis hat das bewahrt, was am tiefsten ging«, erinnert sie sich voller Schmerz. »Es war das Gefühl der Isolation, das für mich eine wirklich traumatische Erfahrung darstellte... Ich erinnere mich vor allem an meine Außenseiterrolle, an das Gefühl, anders zu sein. Inzwischen bin ich erwachsen, und noch immer habe ich bisweilen das Empfinden, abseits zu stehen, während alle anderen Teil einer Gemeinschaft sind.«

Über den Tod des Vaters, der kurz nach dem Tod der Großmutter und des Kindermädchens erfolgte, schreibt sie: »Dies war ein so tiefer Einschnitt, der eine so große Leere hinterließ, daß viele spätere Erlebnisse in dieses Loch fielen. Die Leere, die durch Vaters Tod in meinem Dasein entstand, war wie ein Hohlraum, in dem sich nach und nach Erfahrungen sammeln sollten.« Liv Ullman bekennt, daß sie in manchen Momenten ein beklemmendes Gefühl der Todesangst erlebt, und daß ihre einprägsamsten Auftritte auf der Verkörperung dieses Gefühls beruhen. Dabei handelte es sich um von Bergman auf sie zugeschnittene Rollen, in denen sie gefordert war, sich der eigenen Sterblichkeit zu stellen.

Wandlungen ist ein Buch, das von der Erforschung des eigenen Selbstes handelt. Es ist – und ist zugleich nicht – ein Bekenntnis-Buch. Bei aller Offenheit bewahrt Liv Ullman ihre Würde und Privatsphäre. Sie lehnt es ab, schmutzige Geheimnisse zu enthüllen oder intime sexuelle Einzelheiten preiszugeben. Ihr rückläufiger Pluto bedeutet eine angeborene Zurückhaltung und Selbstbeherrschung; er läßt aber nicht ihren Wunsch verstummen, sich selbst zum Ausdruck zu bringen.

B 11. *Der stationäre Widder-Saturn kurz vor dem MC*

Der stationäre Saturn im Widder verleiht Liv Ullman ebenfalls die Fähigkeit, ihren Selbstausdruck zu «zügeln». Durch ihn kann sie ihre emotionale und physische Energie beherrschen und in die dramatischen Rollen einfließen lassen, die ihren vollen Einsatz und große Konzentration benötigen. Weil Saturn stationär ist, kann es dazu kommen, daß sie sich im Hinblick auf Berufliches wie besessen zeigt. Dabei ist es denkbar, daß es bei der Arbeit und bei bestimmten Rollen oder Verhaltensweisen immer wieder zu den gleichen Problemen kommt.

Mit der Stellung von Saturn im 9. Haus hat Liv Ullman ein strenges ethisches Empfinden. Sie verspürt Schuldgefühle, wenn sie ihren eigenen Erwartungen nicht genügt. Sie nimmt ihre Überzeugungen ernst und versucht systematisch, ihr Denken zu klären, um die Bedeutung, die ihren Erfahrungen zugrundeliegt, wirklich zu erfassen. Diese Saturn-Position, die durch die Nähe zum MC noch betont wird, bewirkt auch ihre Bereitschaft, sich für den Beruf weiterzubilden. Sie läßt auf einen Berufswunsch schließen, der die persönliche Entwicklung fördert und Reisen oder Kontakte zu fernen Ländern und Menschen umfaßt. Allerdings ist hierzu anzumerken, daß es ihr nicht leichtfällt, sich in fremder Umgebung entspannt und wie «zu Hause» zu fühlen.

Weil Saturn stationär ist, beschäftigt sich Liv Ullman von Zeit zu Zeit auf zwanghafte Weise mit ihrem Vater oder mit Männern, die für sie Vaterfiguren darstellen. Wenn die Beziehung zu ihrem Vater länger bestanden hätte, ist davon auszugehen, daß es zu einem Einfluß auf ihre Lebensphilosophie und ihr Streben nach Verständnis gekommen wäre.

Anmerkung:
Vieles von dem, was wir bereits angeführt haben, unterstützt diese Interpretation. Der Tod des Vaters führte dazu, daß Liv Ullman sich schon früh nach innen wandte, um den Sinn des Lebens zu suchen. Die wichtigsten Beziehungen bestanden zu Jappe und zu Bergman – beide beträchtlich älter als sie und zumindest zum Teil Vaterfiguren.

Liv Ullman besuchte die Schauspielschule, um sich auf ihren Beruf vorzubereiten, der ihr viele Reisen und Kontakte zu anderen Menschen bringen sollte. Obwohl sie gerne reist, hat sie Fremden gegenüber eine gewisse Scheu; sie gibt darüber hinaus zu, daß sie häufig Heimweh und Schwierigkeiten damit hat, sich auf eine neue

Umgebung einzustellen. Sie neigt dazu, Arbeit und berufliche Engagements über private Freuden und Pflichten zu stellen; sie sagt über sich selbst: »Was ich von einem Mann brauche, ist sein Wissen, daß ich nur als berufstätige Frau glücklich sein und ihn glücklich machen kann.«

Liv Ullman mißachtete die konventionelle Moral, indem sie ohne Trauschein fünf Jahre lang mit Ingmar Bergman zusammenlebte und ihm ein Kind gebar. Dabei hat sie für sich selbst ein starkes Moralempfinden, welches sich in ihrer Weigerung äußerte, nackt in Filmen aufzutreten, und in ihren Schuldgefühlen, keine aufopferungsvolle Mutter zu sein und ihre Grenzen noch nicht erkannt zu haben. »Mein Schuldgefühl sitzt sehr tief«, sagt sie. »Das schlechte Gewissen ist Teil meines alltäglichen Lebens.«

C 8. *Der absteigende Mondknoten im Stier in Konjunktion mit dem rückläufigen Uranus am Ende des 10. Hauses*

Die Stellung der Mondknoten faßt viele wichtige Horoskop-Merkmale von Liv Ullman zusammen. Der absteigende Mondknoten im Stier im 10. Haus zeigt, daß sie den Drang verspürt, Geld zu verdienen und sich ihren Selbstwert durch die Entwicklung beruflicher Möglichkeiten zu beweisen. Die Konjunktion mit dem rückläufigen Uranus läßt vermuten, daß sie mit natürlicher Leichtigkeit ihrer Intuition zu folgen vermag, wobei sie klar erkennt, welche Veränderungen notwendig sind. Sie zeigt sich als unabhängige Persönlichkeit, die einen ausgeprägten eigenständigen Lebensstil kreiert. Weil Uranus rückläufig ist, verfügt sie über viel psychologisches Verständnis sowie über viel innere Unruhe. Mit dieser Planetenstellung besteht aber nicht die Neigung, sich auf unkonventionelle oder radikale Weise zum Ausdruck zu bringen (wie es bei einem direktläufigen Uranus im 10. Haus der Fall wäre).

Weil der absteigende Mondknoten und der Uranus in Liv Ullmans 10. Haus zusammen zur Wirkung kommen, braucht sie als Schauspielerin kaum Anleitung durch den Regisseur. Sie kann sich bei der Darstellung von Charakterrollen auf ihre Intuition und ihr psychologisches Wissen stützen. Sie wächst auch an den Veränderungen, die sich in ihrer Karriere ergeben haben, und sie verfügt über viele Freundschaften zu Menschen aus dem beruflichen Umfeld.

Der aufsteigende Mondknoten im Skorpion im 4. Haus weist darauf hin, daß Liv Ullman sich damit auseinandersetzen sollte, was ihr persönliches Leben auf der tiefsten Ebene bedeutet. Sie sollte ihre Wahrnehmungen sowie ihre heilsamen, transformierenden Energien auf den häuslichen Bereich richten und ihre emotionale Stärke nicht nur in ihre Schauspielerei fließen lassen. Sie muß sich eine Basis oder eine innere Ebene der Sicherheit schaffen, die es ihr ermöglicht, sich zu regenerieren und ihre angestauten Emotionen angemessen zum Ausdruck zu bringen. Liv Ullman wendet ihren absteigenden Mondknoten an, um die Ziele des aufsteigenden Mondknoten zu erreichen. Sie kann also auf das zurückgreifen, was im Zusammenhang mit ihrem Beruf steht – ihr Einkommen, ihre innere Sicherheit, ihr künstlerisches Talent sowie ihr psychologisches Wissen. Wenn sie dies einsetzt, kann sie sich intensiv mit ihrem Heim und ihrer Familie verbinden – was wiederum dazu führt, daß sie ihre inneren Grundlagen stärkt.

Anmerkung:
Auch im Hinblick auf die Mondknoten und Uranus bestätigen die Aussagen von Liv Ullman unsere Interpretation. Sie sieht sich in gewisser Weise als Außenseiterin mit alternativem Lebensstil – ihre Beziehung zu Ingmar Bergman, der für sie Geliebter, Regisseur und Freund zugleich war, hat fast einen Skandal hervorgerufen. Sie ist sich im klaren darüber, daß ihre Intuition ihr als Schauspielerin immer geholfen hat. Sie verkörpert zumeist psychologische Rollen, die es ihr erlauben, frei aus dem eigenen Wissen und Leben zu schöpfen. In ihrer Autobiographie, die bezeichnenderweise den Titel Wandlungen *trägt, schildert sie, wie sie immer wieder an unvorhersehbaren Ereignissen gewachsen ist und sich weiterentwickelt hat. »Ist es nicht das, worauf es ankommt im Leben? Nicht unbedingt etwas erreichen, aber immer auf dem Weg, immer in Bewegung sein.«*
Als letztes bleibt die Frage, ob Liv Ullman ihrem aufsteigenden Mondknoten im 4. Haus genügend Ausdruck verleiht. Die Antwort lautet: ja und nein. Interessanterweise weisen viele ihrer Filme und Stücke Titel und Themen auf, die mit dem 4. Haus zu tun haben – zum Beispiel, indem sie intensive emotionale Konflikte im Zuhause oder die Verbundenheit mit dem Land darstellen (Ein

Puppenhaus, Die Siedler, Die Auswanderer, Szenen einer Ehe, Herbstsonate). Wenn Liv Ullman auf der einen Seite sagt: *»Das Privatleben muß am wichtigsten sein«,* so konstatiert sie doch zugleich, daß ihr Berufsleben oftmals ihren Wunsch, ein wirklich befriedigendes häusliches Leben zu führen, vereitelt hat. Allerdings achtet sie sehr darauf, nicht von ihrer öffentlichen Rolle abhängig zu werden – der berufliche Erfolg ist ihr nicht alles. Sie hat sich also gewissermaßen mit ihren Mondknoten arrangiert – sie schreitet voran, in dem Versuch, mit ihrem tiefsten Wesen und innersten Zentrum in Kontakt zu bleiben. Im Bewußtsein dessen, daß sie früher ihre Macht sowohl im beruflichen als auch im privaten Bereich abgegeben hat, kann sie am Ende des Buches mit Überzeugung sagen: *»Die einzige Sicherheit auf der Welt ist jene, die ich in mir selbst spüre.«*

TEIL 3

DER PROZEß DER ASTRO-
LOGISCHEN BERATUNG UND
INTERPETATION

Astrologie in der Beratung

Wenn du als Astrologe arbeiten willst, mußt du über ein Grundwissen zur Horoskop-Interpretation und -Synthese verfügen. Wissen allein ist aber nicht genug – du mußt deine Kenntnisse auf eine Art und Weise vermitteln, die anderen wirklich hilft, ihre Bedürfnisse zu befriedigen. Ob es sich bei deinen Beratungen nur um kurze Erläuterungen für Freunde handelt oder um ausführliche Gutachten auf Honorarbasis – immer ist dein astrologisches Wissen die Grundlage. Dabei übst du einen Einfluß auf das Leben anderer Menschen aus – was dir die moralische Pflicht auferlegt, deine Fähigkeiten als Berater zu schulen und dein Wissen um das Beratungsgespräch zu erweitern.

Dieses Buch zielt nicht darauf ab, dich zu einem Berater zu machen. Wer sich mit der Astrologie beschäftigt in der Absicht, sie an anderen Menschen anzuwenden, sollte zur Aneignung der entsprechenden Fähigkeiten einen oder auch mehrere Kurse für Lebensberater absolvieren, einschlägige Bücher lesen und sich unter Anleitung mit Supervision beschäftigen. Die Interpretation und die Informationsübermittlung machen nur einen kleinen Teil der Beratung aus – aber diese beiden Bereiche sind es, die bei der astrologischen Arbeit im Mittelpunkt stehen. Auch wenn du dich nicht «Astrologischer Lebensberater», sondern «Astrologe» nennst oder dich «nur» als «Übersetzer» siehst, bist du Situationen ausgesetzt, in denen sich Menschen direkt oder indirekt um Hilfe an

dich wenden. Aufgrund ihrer Bedürfnisse und aufgrund der machtvollen archetypischen Wirkung der astrologischen Symbole ist es
sehr wahrscheinlich, daß du deren Selbstbild und die Lebenseinstellung beeinflussen wirst. Du unterliegst dabei der ethischen Ver-
pflichtung, im Gespräch und im Kontakt sehr feinfühlig auf alle
Nuancen zu reagieren.

In diesem Buchabschnitt werden wir einige der Dinge behandeln, die dir vielleicht Probleme machen, wenn du die Astrologie
im zwischenmenschlichen Bereich anwenden willst. Zunächst
mußt du dich fragen: Was sind meine Ziele, wenn ich eine Beratung durchführe? Und welche Eigenschaften muß ich als astrologischer Berater entwickeln und zum Ausdruck bringen? Worin un-
terscheidet sich der astrologische vom nicht-astrologischen
Lebensberater, und was haben sie gemeinsam? Bis zu welchem
Ausmaß bin ich wirklich bereit, mich als Berater weiterzuentwickeln (abgesehen von den astrologischen Kenntnissen)? Welche
persönlichen Eigenschaften und Probleme könnten sich als hinder-
lich erweisen, verantwortungsvoll zu handeln?

Nachdem wir uns diesen Grundfragen gewidmet haben, werden
wir andere Facetten der astrologischen Beratung betrachten: die
Herstellung einer Beziehung zwischen dem Astrologen und seinem Gegenüber, die konstruktive Interpretation und Beratung sowie die Nutzung der astrologischen Information zum Zwecke der
Integration. Im letzten Kapitel dieses Buches werden wir uns dann
wieder mehr dem Inhalt zuwenden und zeigen, wie psychologisches Wissen bei der Interpretation der Zeichen angewendet werden kann.

Die Ziele des Astrologen

Laßt uns als erstes die Ziele des Astrologen betrachten. Die meisten von uns – ob sie die Astrologie nun beruflich oder privat be-
treiben – würden das Folgende wohl unterschreiben:

1. Wir möchten Klienten und Freunden dabei helfen, Klarheit
    über sich selbst und ein realistisches Selbstbild zu gewinnen,
    das eine sachliche Einschätzung von Stärken und Möglich-

keiten auf der einen und Schwächen und Problembereichen auf der anderen Seite umfaßt. Damit kann eine neue Selbstdefinition verbunden sein. Vielleicht erkennt der Mensch nun auch, welche Illusionen er sich im Hinblick auf vermeintlich positive oder negative Anlagen gemacht hat.

2. Wir möchten, daß unsere Klienten und Freunde fähig werden, sich selbst anzunehmen und ihre einzigartige Individualität zu schätzen. Sie sollen ihre Schwierigkeiten verstandesmäßig begreifen und zu diesen stehen können.

3. Wir möchten das Selbstgefühl und das Realitätsempfinden unserer Klienten und Freunde bestätigen und damit unterstützen. Das gilt vor allem in den Fällen, in denen die astrologische Interpretation deren Wahrnehmungen stützt und das, was zunächst vielleicht nur eine vage empfundene Andeutung war, in deutliche Worte fassen kann.

4. Wir möchten unseren Klienten und Freunden helfen, eine tragfähige Philosophie oder ein Glaubenssystem zu entwickeln, das eine Bedeutung für sie hat, sie einen Sinn sehen läßt und das sie zu einem effektiveren Leben anleitet – kurz, das ihnen erklären kann, warum sie leiden. Die Entwicklung eines solchen Glaubenssystems kann – zusammen mit der umfassenden Perspektive, welche die Astrologie uns bietet – die falschen, überkommenen oder destruktiven Annahmen und Überzeugungen infragestellen, die von den Eltern oder der Gesellschaft übermittelt wurden.

5. Wir möchten unsere Klienten und Freunde bei ihrer Suche nach Verständnis unterstützen. Wir möchten ihnen beistehen – damit sie Handlungsweisen wählen, die ihnen helfen, Fortschritte zu machen und ihre Lebensprobleme zu bewältigen. Je mehr Objektivität und Klarheit sie im Hinblick auf ihre Konflikte gewinnen, desto fähiger werden sie, diese zu überwinden.

6. Wir möchten unseren Klienten und Freunden helfen, aus eigener Kraft zu handeln. Sie sollen sich nicht nur dessen bewußt werden, daß sie über Entscheidungsfreiheit und Alternativen verfügen, sondern auch Hoffnung, Glauben, Mut und Motivation entwickeln. Dies ist notwendig, um für das eigene Leben aktiv Verantwortung übernehmen zu können.

7. Wir möchten unsere Klienten und Freunde über zyklische Abläufe informieren und ihnen – insbesondere durch die Anwendung von Transiten und Progressionen im Hinblick auf ihre Muster – eine umfassende Perspektive vermitteln. Dadurch können sie nicht nur ein Gefühl für das System und seine zeitliche Struktur entwickeln, sondern auch erkennen, wann der Zeitpunkt zum Handeln gekommen ist.

Wie wahrscheinlich ist es, daß wir diese Ziele in der astrologischen Beratung verwirklichen oder zumindest die Saat zu ihrer Verwirklichung legen? Ein derartiges fachliches Können zu entwickeln beruht auf Wissen, auf praktischer Erfahrung und Intuition. Wenn wir diese Ziele in uns bewahren und ständig im Gedächtnis behalten, können wir sie vielleicht auch in unseren Worten und in unserem Handeln zum Ausdruck bringen. Vielleicht ist es aber auch notwendig, sie in konkretere Begriffe umzusetzen. Dann müssen wir uns die Frage stellen: Welche Qualitäten und Eigenschaften brauchen wir, und welche besonderen Verhaltensweisen sind notwendig, um diese Ziele zu verwirklichen?

WIR KÖNNEN DIE ASTROLOGIE
AUF VIELFÄLTIGE WEISE ANWENDEN

Als eine Krücke:

Aber hüte dich, einer über den Weg zu laufen,
die in solchen Studien ihr Vergnügen findet,
in deren Hand du astrologische Kalender siehst,
glänzend vom häufigen Gebrauch wie reiner Bern-
stein;
... die, wenn die Konstellation eine gefährliche Reise
anzeigt,
zu Hause in Sicherheit bleibt,
den Mann jedoch gehen läßt.
Begibt sie sich nur eine Meile aus der Stadt,
entnimmt sie erst dem Buch die günstigste Stunde.

JUVENAL, 6. SATIRE

Als ein Werkzeug der Angst ... oder des Glaubens:

Jede Möglichkeit kann zu einer positiven oder zu ei-
ner negativen Wirklichkeit werden. Angst hat die Ten-
denz zu einer negativen Manifestation, Glaube wan-
delt sie in eine positive Tatsache um. Das zentrale
Problem ... ist deshalb die Umwandlung von Angst in
Glauben. Astrologisch ausgedrückt heißt das, den
«schlechten» Aspekten gegenüber eine konstruktive
Einstellung zu entwickeln.

DANE RUDHYAR,
ASTROLOGIE UND PSYCHE

Wird der Astrologe mit seinen Voraussagen nur Angst
hervorrufen und diese in den Mittelpunkt stellen?

Wird er die Verwirrung des Klienten noch vergrößern und sein Gefühl, «nicht in Ordnung» zu sein, vertiefen? Oder ist er in der Lage, ihm – der sich bewußt oder unbewußt danach sehnt, in einen ihm unbekannten Bereich der Ordnung geführt zu werden – den Glauben zu vermitteln, daß dieser Bereich der Ordnung existiert und erreicht werden kann?

DANE RUDHYAR,
DIE ASTROLOGISCHE PRAXIS

Als eine Übung in Intelligenz und Intuition:

Die Interpretation von Träumen und Symbolen erfordert Intelligenz. Sie kann nicht in ein mechanisches System verwandelt werden, das man dann in phantasielose Hirne stopft. Sie erfordert eine fortwährend zunehmende Selbsterkenntnis auf seiten des Interpreten ... Jemand kann alle Regeln richtig anwenden und trotzdem auf einen erschreckenden Unsinn verfallen, einfach deshalb, weil er ein scheinbar unwichtiges Detail übersieht, das eine bessere Intelligenz nicht ausgelassen haben würde. Selbst ein Mensch mit scharfem Verstand kann aus Mangel an Intuition oder Gefühl dabei sehr in die Irre gehen.

C. G. JUNG,
DER MENSCH UND SEINE SYMBOLE

Als einen Kanal göttlicher Energien:

Ihr seid ein wesentlicher Bestandteil des universellen Bewußtseins oder Gottes – und deshalb ist alles innerhalb dieses universellen Bewußtseins oder universellen Gewahrseins; so auch die Sterne, die Planeten, die Sonne, der Mond. Herrscht ihr über sie, oder herrschen sie über euch? Sie wurden für euren eigenen individuellen Gebrauch geschaffen.

Astrologie ist in den meisten Fällen eine Tatsache. Doch astrologische Aspekte sind nur Zeichen, Symbole. Es gibt keinen wertvolleren oder hilfreicheren Einfluß als den Willen des Individuums.

Verwende die Hinweise (der Planeten) als Stufen, aber lasse sie nicht zu Stolpersteinen deiner Erfahrungen werden.

MARGARET H. GAMMON,
ASTROLOGY AND THE EDGAR CAYCE READINGS

Der Astrologe ist ein Priester im Tempel des Kosmos. Er spricht zu uns von den alten Göttern, die in der weitesten Ferne und zugleich im tiefsten Inneren wohnen. Es ist seine Pflicht, zu lehren und genaue Beschreibungen zu geben. Der sicherste Weg, um die Bedeutung der astrologischen Wissenschaft wieder zu etablieren, ist, die Astrologen selbst herauszufordern. Sie müssen erkennen, daß es nicht genügt, Horoskop-Beschreibungen im Sinne der verschiedenen Autoren zu geben. Der Astrologe muß seine Wissenschaft aus einer tiefen und schönen inneren Überzeugung ausüben. Er muß seine Verantwortung erkennen – nicht nur angesichts des Klienten, sondern auch der großen Sternen-Versammlung gegenüber, der zu dienen er sich verpflichtet hat.

MANLY PALMER HALL,
THE PHILOSOPHY OF ASTROLOGY

Was einen erfolgreichen Astrologen auszeichnet

1. Der erfolgreiche Astrologe erkennt, welche Bedürfnisse sein Klient im Augenblick der Beratung hat; er ist fähig, darauf angemessen zu reagieren. Er kann darüber hinaus von seinen eigenen intellektuellen Vorurteilen absehen.

2. Der erfolgreiche Astrologe bezieht sich zunächst auf den Klienten, dann auf das Horoskop. Das Horoskop ist ein Mittel, das zu einem Ergebnis führt – es ist nicht das Ergebnis selbst.

3. Der erfolgreiche Astrologe vermittelt dem Klienten Akzeptanz und Respekt gegenüber seinen Bedürfnissen und Empfindungen. Er gibt ihm Hoffnung und ermutigt ihn.

4. Der erfolgreiche Astrologe unterstützt den Klienten dabei, im Chaos Klarheit und Ordnung zu erkennen oder in diesem selbst eine Struktur zu schaffen. Er vermeidet es, sich in nebensächlichen Einzelheiten zu verlieren, sondern konzentriert sich auf die wichtigsten Themen. Er bietet weiterhin Unterstützung bei der Klärung bestehender Probleme und zeigt auf, welche alternativen Denk- und Handlungsweisen möglich sind.

5. Der erfolgreiche Astrologe vermittelt eine konstruktive Lebensanschauung, welche im Leid einen Sinn sieht und welche angesichts von Verwirrung und Unsicherheit einen ordnenden Rahmen bietet. Eine solche Philosophie beinhaltet eine langfristige Perspektive, welche aus dem Wissen um Strukturen und Zyklen resultiert. In diesem Zusammenhang ist der Astrologe gefordert, die anstehenden Probleme durch die Linse des Horoskops zu betrachten.

6. Der erfolgreiche Astrologe gibt den Bedürfnissen des Klienten Vorrang vor den eigenen. Er versucht in keiner Weise, Kontrolle über sein Gegenüber zu gewinnen. Eine solche Einstellung erfordert, sich am Klienten auszurichten – unter Berücksichtigung dessen, was diesen gerade bewegt sowie

im Hinblick auf dessen Fähigkeit, das präsentierte Material zu verstehen und aufzunehmen (der Klient darf nicht mehr Informationen erhalten, als er wirklich verarbeiten kann). Der Klient muß ermutigt werden, Entscheidungen zu treffen – es darf nicht sein, daß der Astrologe suggeriert, daß er alle Antworten wüßte und alle Macht hätte. Interesse und Achtung für die Gefühle und Bedürfnisse des Klienten machen es erforderlich, daß der Astrologe Erkundigungen einholt, Feedback und Unterstützung gibt und sich im übrigen wirklich auf einen Dialog einläßt. Er darf sich selbst nicht nur als Übermittler von Informationen sehen.

Worin besteht hier die Ähnlichkeit und worin der Unterschied zu nicht-astrologischen Beratern? Weil die Beratungssysteme und der persönliche Stil der einzelnen Berater beträchtlich voneinander abweichen, ist die Antwort auf diese Frage schwierig. Bestimmte Eigenschaften, die der nicht-astrologische Berater für die erfolgreiche Arbeit unbedingt braucht, mögen für den Astrologen zweitrangig sein. Im allgemeinen wendet der Berater sein Einfühlungsvermögen dafür an, dem Klienten zu helfen, seine Gefühle zu verstehen und zum Ausdruck zu bringen. Es geht weniger darum, diesem das Denksystem zu vermitteln, das der Berater für sich als richtig erkannt hat. Der Berater ermutigt zu emotionalem Selbstausdruck, hört aufmerksam zu und sagt dann, wie er die Mitteilungen des Klienten aufgefaßt hat. Dabei spielt nicht der Terminkalender des Beraters die Hauptrolle – es ist Sache des Klienten, Ablauf, Struktur und Ziel der Sitzung zu bestimmen. Zumeist liegt der Anteil der Redezeit des Beraters während einer Sitzung unter 20%. Indem sich der Berater im Hintergrund hält, schafft er für den Klienten ein sicheres Umfeld, in dem dieser sich aussprechen und von innen heraus seine Gefühle, Strukturen, Bedürfnisse und Möglichkeiten entdecken kann.

Die meisten Klienten von Lebensberatern oder Psychotherapeuten (letztere arbeiten intensiver und sind eher auf psychodynamische Prozesse ausgerichtet) bauen zu diesen eine enge Beziehung auf – basierend auf den wöchentlichen Sitzungen, die sich über einen Zeitraum von drei Monaten bis zu zehn Jahren hinziehen können. Dabei erwarten die Berater nicht, daß sich nach ein oder zwei Sitzungen große Veränderungen ergeben. Wer mit der astrologischen Beratung beginnt und hofft, auf die Lebenssituation des Klienten einen dramatischen Einfluß zu nehmen, muß zunächst lernen, daß sich Veränderungen meistens über einen längeren Zeitraum hinziehen.

Die astrologische Interpretation ist keine Beratertätigkeit wie jede andere. Bis zu welchem Grad du dich als Berater mit der Fähigkeit zuzuhören, nachzudenken und andere zu unterstützen weiterentwickeln willst, ist deine ganz persönliche Entscheidung. Wenn du willst, daß deine Klienten nicht nur verstandesmäßig Nutzen aus den Sitzungen ziehen, mußt du zumindest etwas über Kommunikation und Beratungstechnik wissen. Erfüllst du diese Voraussetzung, wird die Sitzung für den Klienten konstruktiv sein – sie wird ihm Kraft und Konzentration geben, um eine neue Einstellung und die entsprechende Handlungsweise zu aktivieren. Eine Bewertung deiner Fähigkeiten, mit Hilfe deiner persönlichen Wahrnehmung sowie deinem astrologischen Wissen durchgeführt, kann dir zeigen, wo deine Schwächen liegen und welche Fähigkeiten du entwickeln mußt. Bist du eine Feuer/Luft-Persönlichkeit mit einem Mangel an Wasser und neigst dazu, den Gefühlsbereich zu ignorieren (und verletzt dabei fortwährend – ohne es eigentlich zu wollen – Fische- oder Krebs-Menschen)? Hast du mit deiner Merkur/Neptun-Opposition die Tendenz, dich in vagen, esoterischen und weitschweifigen Gemeinplätzen zu äußern? Trifft dies zu, mußt du lernen, dich zu «erden» und auf eine konkretere Weise zu denken – damit du auch einem Erde-Menschen helfen kannst, der sich vor allem mit praktischen Dingen beschäftigt. Sowohl für den erfolgreichen Astrologen wie für den erfolgreichen Lebensberater auch ist es notwendig, flexibel zu sein und die Fähigkeit zu haben, das Vorgehen und die Worte auf das Temperament und die Bedürfnisse des Gegenübers abzustimmen.

Probleme der astrologischen Beratung

Eine astrologische Sitzung durchzuführen ist eine anspruchsvolle Aufgabe – nicht nur aufgrund des erforderlichen Fachwissen, sondern auch wegen der Verantwortung, die du damit für dein Gegen-

154

über übernimmst. Weil vielen Astrologen die gründliche Ausbildung in Psychologie und der Technik und Ethik der Beratung fehlt, kommt es dazu, daß die eigenen bewußten oder unbewußten Probleme und Bedürfnisse auf den Klienten einwirken. In einem gewissen Ausmaß gilt das für alle professionellen Berater – den Psychotherapeuten, den Sozialarbeiter oder denjenigen, der mit Geisteskranken zu tun hat. Wir alle sind Menschen und haben unsere wunden oder schwachen Punkte, Komplexe, Zwänge und ungelösten emotionalen Probleme. Um so verantwortungsvoll und hilfreich wie nur möglich zu sein, ist es erforderlich, dem eigenen Selbst mutig entgegenzutreten. Wir müssen erkennen, wo unsere Grenzen liegen; wir müssen daran arbeiten, jene Beschränkungen zu überwinden, die uns daran hindern, unsere Ziele zu erreichen und wirklich Verantwortung zu übernehmen.

Die folgenden Fragen sollen als Richtlinien dienen und dir helfen, einige der Probleme, die im Hinblick auf Kompetenz und Konstruktivität deiner Beratungen bestehen könnten, genau zu bezeichnen. Auch wenn du vielleicht gerade erst anfängst, Horoskope zu deuten und nur kurze Interpretationen für deine Freunde machst, solltest du diese Fragen beantworten, um dir über dein Verhalten und deine Einstellung klarzuwerden. Im allgemeinen ist es so, daß Astrologen sich nach etwa einem Jahr bestimmte Interpretations- und Beratungsmethoden angewöhnt haben, die nur sehr schwer wieder zu ändern sind. Je bewußter du dir von Anfang an deines Stils und deiner Vorgehensweise bist und je entschlossener du deine Ziele verfolgst, desto schneller wirst du einen Beratungs- und Interpretationsstil entwickelt haben, der dir über viele Jahre hinweg dienen kann.*

1. Fühlst du dich aufgrund deines Wissens, deines Intellektes und/oder deiner Lebensweise dem Klienten überlegen? Drückst du dich so aus, als ob du allwissend wärst – ein Guru, der alle Antworten kennt? Beziehst du dich auf das Horoskop, um dein eigenes Macht- und Autoritätsbedürfnis zu verstecken? Achtest und respektierst du den Intellekt, die

---

* Diese Fragen finden sich in etwas anderer und ausführlicherer Form bereits in meinem Buch *Astrologie der Selbst-Entdeckung*. Ferner sei auf das Buch verwiesen *Astrologische Psychologie in der Praxis* von Stephen Arroyo, Verlag Hier & Jetzt.

Bedürfnisse und Gefühle und Lebenserfahrung deines Gegenübers?

2. Versuchst du vielleicht, deinen Klienten von dir abhängig zu machen, weil du das Gefühl haben willst, gebraucht und geschätzt zu werden? Ist es dir lieber, wenn er sich nicht nach innen wendet und seiner eigenen Führung vertraut, sondern auf deinen Rat wartet? Gibst du Klienten und Freunden in dem Bestreben, beliebt zu sein, das, was sie sich wünschen, oder das, was sie brauchen?

3. Bringt dich dein Geltungsstreben vielleicht dazu, daß nur du während der ganzen Sitzung sprichst? Gibst du mit deinem fachlichen Können an? Vermeidest du es, dich auf die Bedürfnisse des Gegenübers einzustellen und laufend zu überprüfen, ob du wirklich auf ihn eingehst? Machst du dir vielleicht nur vor, deine Fähigkeiten einzusetzen, um jemandem zu helfen? Willst du vielleicht nur deine eigene Stimme – verstärkt durch die Autorität der astrologischen Archetypen – hören? Bist du wirklich imstande, dich auf den Klienten und seine Lebenssituation einzulassen?

4. Gibt es für dich nur deine eigene Wahrheit und Lebensanschauung, und versuchst du vielleicht, diese dem Klienten aufzudrängen? Gibst du deine eigenen Ideen und Werte unter dem Deckmantel der astrologischen Autorität weiter?

5. Fühlst du dich ohne astrologisches Wissen machtlos? Sind die Planeten für dich selbst eine Art Korsett? Führt dein mangelndes Vertrauen in dich selbst vielleicht dazu, daß du den Klienten entmachtest und ihm statt Mut, Willen und Selbstvertrauen eine deterministische Haltung vermittelst? Beeinflussen deine Negativität und Furcht im Hinblick auf bestimmte Planeten und Zeichen deine Interpretation, was dann zu Voraussagen führt, die destruktive, sich selbst erfüllende Prophezeihungen werden könnten? (Für den Fall, daß das zutrifft, solltest du dich intensiver mit dem Fragebogen auf Seite 180 beschäftigen.)

6. Bist du dir deiner Emotionen (im Unterschied zum intellektuellen Wissen) bewußt? Oder projizierst du deine Konflikte auf deinen Klienten, so daß du in der Sitzung eher mit deinem eigenen Schatten konfrontiert bist als mit deinem Gegenüber? (Wenn das zutrifft, dann beachte den Fragebogen auf Seite 158.)

7. Fehlt dir das Gefühl für deine Emotionen oder die deiner Mitmenschen? Hast du in diesem Zusammenhang vielleicht die Neigung, den Intellekt und das Denken überzubewerten? Bist du fähig, Verständnis und Gefühl zum Ausdruck zu bringen? Kannst du «aus dem Bauch heraus» handeln?

8. Sprichst du in einem astrologischen Jargon, den dein Klient nicht verstehen kann? Gebrauchst du vielleicht eine Sprache voll geheimnisumwobener Autorität, um die Illusion zu schaffen, daß du hohe Wahrheiten verkündest – und sagst in Wirklichkeit gar nichts Bedeutsames? Wählst du vage, inhaltslose Gemeinplätze, ohne die konkreten Probleme anzusprechen, mit denen der Klient gerade zu tun hat?

9. Fällst du dem Informationszwang zum Opfer? Überfrachtest du dein Denken und das des anderen Menschen, ohne zu berücksichtigen, wie es um dessen Aufnahmefähigkeit sowie um seine Möglichkeit bestellt ist, das Gehörte mit seinem alltäglichen Leben in Verbindung zu bringen? Geht es dir in erster Linie nicht darum, die Astrologie zum Wohle des Klienten anzuwenden, sondern darum, mit deinem Wissen zu glänzen?

Die meisten Astrologen machen sich aufgrund eigener ungelöster Probleme zumindest einiger der angeführten Punkte schuldig. Je mutiger du deinen Mängeln gegenübertrittst und je bereitwilliger du deine inneren Hilfsmittel mobilisierst, um Fortschritte zu erzielen, desto mehr Selbstachtung und Selbstvertrauen kannst du dir selbst als Berater entgegenbringen. Und desto effektiver wirst du auch schließlich sein.

DIE ASTROLOGIE UND DEIN SCHATTEN

Wie du Angst und Negativität überwinden kannst

1. Welche Planetenpositionen, Aspekte etc. deines Geburtshoroskops (oder auch: welchen Transit dazu) siehst du als negativ an? Was kannst du nur schwer annehmen? Welche Schwierigkeiten bestehen dabei?

....

....

....

....

....

2. Schreibe mindestens drei konstruktive Einstellungen auf, die du im Hinblick auf jeden dieser Planeten oder Aspekte entwickeln könntest. Vielleicht ist es dir dann ein Anliegen, darüber nachzudenken, was du daraus lernen und für dein Wachstum ableiten kannst und welche geheimen Stärken in den erlebten Konflikten verborgen liegen.

....

....

....

3. Welche Planetenpositionen, Zeichen etc. in den Horoskopen anderer rufen in dir negative Reaktionen hervor? Was «bringt dich auf die Palme»? Auf welche Weise geschieht das? Und warum? Wie reagierst du normalerweise darauf?

....

....

....

4. Inwiefern ist dieser Planet (dieses Zeichen oder dieser
   Aspekt) ein Teil von dir? Inwiefern und warum hast
   du ihn verleugnet? Wozu hat das geführt? (Sage dir
   mehrmals vor: »Ich habe ... dieses ... und jenes ... in
   mir«, um ein Gefühl dafür zu bekommen, wie diese
   Eigenschaften sich als Teil deines Wesens anfühlen
   und welche Empfindungen mit ihnen verbunden sind.)

....

....

....

....

....

....

5. Was würde dir helfen, diesen Aspekt deines Wesens
   zu akzeptieren? Wie könntest du ihm eine Entfal-
   tungsmöglichkeit bieten, damit sich nicht dessen negativen, sondern die positiven Eigenschaften entwickeln?

....

....

....

....

....

6. Welche positive Eigenschaft versteckt sich in diesem
   Teil deines Wesens? Schreib einiges auf, was dir dazu
   in den Sinn kommt, und welche Haltung du einnehmen könntest, um mit dieser Qualität in dir Frieden
   zu schließen.

   ....

   ....

   ....

   ....

   ....

   ....

   ....

7. Was könntest du tun, um diese Eigenschaft bei anderen anzuerkennen? Wie könntest du dir deiner Negativität oder deiner Konflikte im Hinblick auf diese Eigenschaft bewußt werden, in der Absicht, deine
   Reaktionen so zu verändern, daß sie deine Beratertätigkeit nicht mehr störend beeinflussen?

   ....

   ....

   ....

   ....

   ....

   ....

   ....

   ....

Die astrologische Beratung

Jeder Astrologe hat eine andere Methode, seine Sitzungen zu gestalten. Jeder von uns verfügt über seine eigene persönliche Dynamik und seinen Kommunikationsstil sowie über Fertigkeiten und Talente, die er zu vervollkommnen sucht. Aus diesem Grund sind die Regeln für die astrologische Beratung nicht als unumstößlich oder absolut aufzufassen. Mit der Zeit wirst du – gemäß deinem Wesen – deinen eigenen Stil entwickeln. Was ich in diesem Kapitel anführe, mußt du deiner eigenen Situation anpassen.*

Die Vorbereitung der Sitzung

Wenn mich jemand anruft, um mir sagen, daß er sich beraten lassen möchte, gehe ich folgendermaßen vor: Ich frage zuerst, welche astrologischen Erfahrungen vorhanden sind und welches Ziel die Sitzung haben soll. Warum möchte dieser Mensch einen Termin vereinbaren, und warum gerade jetzt? Welche Angelegenheiten und Probleme sind für ihn in diesem Moment wichtig? Was kann

---

* Du solltest im Kopf behalten, daß ich eine Waage-Person und mir dessen bewußt bin, daß es viele Alternativen gibt. Wichtig ist für mich auch das Streben nach Synthese sowie die Reaktionen der anderen. Mit dem Schütze-Aszendenten und dem Jungfrau-Stellium im 9. Haus bin ich auch sehr analytisch und philosophisch ausgerichtet und sehe es als Ziel, zum praktischen und konstruktiven Handeln anzuleiten. Außerdem steht mein Mond im Widder (womit die Neigung verbunden ist, spontan und sehr direkt zu reagieren, ohne Rücksicht auf vorher aufgestellte Pläne oder Theorien). Mein eigenes Horoskop beeinflußt meine Verhaltens- und Vorgehensweise in einer Sitzung sehr deutlich. In der gleichen Weise wirken deine planetarischen Einflüsse auf dich ein.

die Astrologie seiner Meinung nach für ihn tun? Ich stelle auch einige Fragen in bezug auf die Lebensumstände – Alter, Beruf, Familienstand und das, was jetzt oder in der nahen Zukunft ansteht und möglicherweise zu Sorgen Anlaß gibt.

Ich beschreibe dann meine Ansichten über die Astrologie und meine Vorgehensweise (wenn nötig, welche Ausbildung und Erfahrung ich habe). Danach erkläre ich im Detail, wie ich eine Konsultation durchführe. Ich gebe – neben meiner Tätigkeit als Lebensberaterin und Therapeutin – drei Arten von Sitzungen: 1. über das Geburtshoroskop, 2. über Transite und Progressionen und 3. über spezielle Fragestellungen (eine besonders genaue Betrachtung des Geburtshoroskops und der Transite in bezug auf ein bestimmtes Thema, zum Beispiel sexuelle Beziehungen). Im allgemeinen führe ich als erstes eine Sitzung über das Geburtshoroskop durch. Dann sage ich, wie hoch mein Honorar ist (wobei ich darauf hinweise, daß die Hälfte des Betrages eine Woche vor dem Termin als Vorauszahlung eingegangen sein muß und was im Falle einer Absage zu tun ist). Ich erörtere den zeitlichen Ablauf (normalerweise von einer Dauer von 90 Minuten mit einer Cassettenaufzeichnung). Sobald wir uns auf einen Termin geeinigt haben, trage ich in mein Klienten-Notizbuch die erhaltenen Informationen sowie den Namen, die Adresse, Telefonnummer und die Geburtsdaten ein. Um sicherzugehen, daß die Daten stimmen, wiederhole ich sie noch einmal und erkundige mich, aus welcher Quelle sie stammen. Wichtig ist zum Beispiel auch, daß der Klient sich nicht zwischen Tag- oder Nachtzeit irrt. Das Gespräch endet für gewöhnlich damit, daß der Termin und die Honorarsumme bestätigt werden. Dann beschreibe ich noch den Weg zu meinem Büro und bitte darum, die Cassette nicht zu vergessen. Oftmals erweist es sich als sinnvoll, wenn der Klient der Vorauszahlung noch eine Notiz über weitere Informationen oder Fragen, die er stellen möchte, beilegt, die ich dann bei der Ausarbeitung des Horoskops berücksichtigen kann. (Dieses Erstgespräch läuft natürlich vollkommen anders ab oder ist überflüssig, wenn der Klient ein Bekannter oder Freund von mir ist.) Nach dem vorbereitenden Telefongespräch sende ich dem Klienten ein Informationsblatt zu, das noch einmal detailliert die Leistungen und Gebühren aufführt und eine Terminbestätigung enthält.

Die Kontaktaufnahme und Durchführung der Sitzung

Nachdem ich das Horoskop berechnet, in eine erste Synthese gebracht und mir Notizen zum effektiven Vorgehen gemacht habe, kommt es zur Sitzung. Ich mache mir deshalb Notizen, weil ich der Ansicht bin, die Grundthemen des Horoskops so besser erfassen zu können. Außerdem kann ich es auf diese Weise vermeiden, nach einem Einstieg für die Interpretation suchen und gleichzeitig mit dem Klienten sprechen zu müssen.

Wenn der Klient erscheint, ist es zur Kontaktaufnahme und zur Entspannung der Situation im allgemeinen hilfreich, ein wenig Konversation zu treiben. Gespräche über das Wetter und den Verkehr und das Anbieten von Tee oder Kaffee können zu persönlicheren Fragen überleiten. Die Frage ist, wie sich der Klient in dieser Situation fühlt. Mancher ist ängstlich und fürchtet sich vor dem, was ich vielleicht sagen werde. Wir sollten uns also fragen: Hat unser Gegenüber Ängste und, wenn ja, würde es ihm möglicherweise helfen, diese offen zur Sprache zu bringen? Hat er bestimmte Themen im Kopf, über die er in der Sitzung gerne sprechen würde?

Wenn der Klient sich noch nie sein Horoskop hat interpretieren lassen, gebe ich ihm zunächst eine Kopie seines Geburtsbildes (mit Schlüsselworten zu den grundlegenden Faktoren) und erkläre in groben Zügen das Wesen und das Zusammenspiel der Planeten, Zeichen, Häuser und Aspekte. Als nächstes erläutere ich noch einmal kurz meinen astrologischen Ansatz und beschreibe, wie ich in der Sitzung vorgehen werde. Dann kommt es für gewöhnlich zu kurzen Monologen von meiner Seite, die Zeit für Fragen und Antworten lassen, gefolgt von weiteren Beschreibungen und neuen Fragen (und Antworten) usw. In diesem Ablauf sind Variationen möglich – zum Beispiel, wenn mich der Klient unterbricht, weil er mich nicht verstanden oder weiterführende Fragen hat oder etwas zu meinen Ausführungen sagen möchte. Manchmal führen diese Unterbrechungen zu tiefen Einblicken in ein bestimmtes Thema – manchmal äußert sich der Klient ausführlich über einen Bereich seines Lebens. Gelegentlich geschieht es, daß er seinen Gefühlen freien Lauf läßt – insbesondere dann, wenn er sich in einer Krise befindet. In diesem Fall ist meist keine intellektuelle Erkenntnis der Situation oder kein neues Verständnis möglich, bevor sich nicht die unterdrückten Gefühle und Spannungen entladen haben.

Jede Sitzung verläuft auf eine andere Weise, je nachdem, wie das Temperament und das Bedürfnis des Klienten und auch meine eigene Stimmung an dem Tag beschaffen ist. Manch ein Klient redet sehr viel, was zur Folge hat, daß ich dann ziemlich wenig von dem, was ich vorbereitet habe, anbringen kann. In diesem Fall frage ich – so taktvoll wie möglich –, wie er die Zeit am liebsten nutzen würde. Manche Klienten sind gehemmt oder reserviert und geben nur unwillig Informationen oder stellen selbst nur ungern Fragen. Hier gilt es, die Entscheidung zu treffen, die Intimsphäre anzuerkennen oder durch Fragen den Schutzpanzer zu erschüttern.

Im folgenden möchte ich einige Richtlinien vorstellen, die bei der Durchführung einer astrologischen Sitzung immer beachtet werden sollten.

1. Nie das ursprüngliche Ziel der Sitzung aus dem Auge verlieren.

2. Flexibel genug sein, das Ziel fallen zu lassen oder abzuändern, wenn andere (dringendere) Bedürfnisse auftauchen.

3. Den Klienten in physischer und emotionaler Hinsicht genau beobachten, um auf jedes Anzeichen von Unbehagen sofort reagieren zu können. Wenn du nicht darauf achtest, was in jedem Augenblick geschieht, wird die Konsultation keine emotionale Wirkung zeigen.

4. Ein ausgewogenes Verhältnis der Erörterungen der Hauptthemen sowie der weniger bedeutsamen Informationen finden. An letztere kann der Klient auch dann noch anknüpfen, wenn er die Cassette abhört.

5. Die Überzeugungen des Klienten respektieren. Ein Beispiel: Auch wenn du persönlich an die Reinkarnation glaubst, solltest du es vermeiden, die Horoskop-Interpretation für den

Klienten mit Planeten im 12. Haus auf dieser aufzubauen. Vielleicht hat dein Klient eine andere Überzeugung.

6. Sich dessen bewußt sein, daß aktuelle Probleme und Einstellungen berücksichtigt werden müssen. Das dürfte bedeuten, daß du eine Auswahl treffen mußt – die Zeit wird dann nicht dafür reichen, alle vorher notierten Schlüssel-Faktoren zu behandeln. Ein kurzer Blick auf die aktuellen Transite kann bei der ersten Vorbereitung nützlich sein – selbst dann, wenn du in der Sitzung nicht darauf eingehst.

7. Fragen stellen, um dich zu erkundigen, wie bestimmte Facetten des Wesens deines Klienten zum Ausdruck kommen, und um dich zu vergewissern, ob er mit deinen Informationen auch wirklich etwas anfangen kann. Damit hilfst du nicht nur ihm, das Material zu integrieren – du selbst kannst dabei noch etwas lernen!

8. Dem Klienten nach deiner Interpretation Gelegenheit geben, etwas anzumerken oder Rückfragen zu stellen. Information ohne Zeit zur Assimilation ist nutzlos und ohne jede emotionale Wirkung.

9. Den Klienten miteinbeziehen. Wenn du dich fragst, ob du dich mit einem bestimmten Teilbereich, den du oder der Klient ins Gespräch gebracht hat, näher befassen oder zum nächsten Thema überwechseln solltest, erkundige dich bei deinem Gegenüber, was er möchte. Lasse ihn darüber entscheiden, wie er die verbleibende Zeit nutzen will.

10. Am Schluß der Sitzung noch fünf bis zehn Minuten für Fragen freihalten sowie eine Zusammenfassung der wichtigsten Punkte geben. Vielleicht interessiert es dich auch zu erfahren, welchen Eindruck der Klient von der Sitzung gewonnen hat und was von eurer gemeinsamen Arbeit besonders nützlich für ihn gewesen ist. An dieser Stelle kannst du auch deine Bereitschaft für weitere Sitzungen zum Ausdruck bringen oder deinen Klienten an einen guten Psychothera-

peuten oder Arzt verweisen – wenn du glaubst, daß ihm das helfen könnte oder er dich darum bittet. Es ist nützlich, sich zu diesem Zweck eine Adressenliste anzulegen.

Interpretation und Beratung

Die häufigste Tätigkeit des Astrologen ist die Interpretation. Sie wird von vielen mit dem Begriff astrologische Beratung gleichgesetzt – was nicht richtig ist. Lebensberater und Psychotherapeuten sind der Ansicht, daß eine Interpretation auch auf eine bestimmte Weise vorgebracht werden muß, damit Erfolge erzielt werden können. Die Interpretation allein führt weder zu Erkenntnis noch zu Veränderung. Es muß eine Situation gegeben sein, in der der Klient emotional empfänglich ist und die psychische Bereitschaft zur Anwendung der gewonnenen Einsicht hat. Erst dann kann er seine persönlichen Assoziationen entwickeln, welche später einmal seine Einstellung und sein Verhalten beeinflussen werden.

Steven Levy und Fred Pine behandeln in ihren Büchern *Principles of Interpretation* und *Developmental Theory and Clinical Process*, wie die Interpretation in der Beratung angebracht werden sollte und wie wichtig es ist, sich der Wirkung auf den Klienten zu vergewissern. Wie sie aufzeigen, filtert der Mensch das, was die Interpretation ausmacht, durch seinen eigenen psychologischen Prozeß. Dabei verzerrt er oftmals die Bedeutung dessen, was gesagt wurde, oder bewertet es auf seine eigene Weise, ohne sich darum zu kümmern, was das Ziel gewesen ist oder wie die Worte gemeint waren.

Der Klient empfindet deine Interpretation vielleicht als eine Verurteilung oder Verdammung und fühlt sich bedroht oder in seinem Selbstwert herabgesetzt. Möglicherweise ist er auch enttäuscht, weil er kein intellektuelles Verständnis, sondern emotionale Unterstützung gesucht hat. Auf der anderen Seite kann es sein, daß er deine Interpretation als Begründung für seine Verhaltensmuster benutzt und es auf diese Weise vermeidet, neue Einstellungen und Handlungsweisen zu entwickeln – wenn er sich zum Beispiel weiterhin auf intellektuelle Weise präsentiert, statt die eigenen Empfindungen wahrzunehmen und zu respektieren.

Andererseits nimmt ein Klient deine Interpretation vielleicht deshalb positiv auf, weil du ihm Aufmerksamkeit schenkst. Wenn er ein «oraler» Mensch ist, bedeutet deine Interpretation für ihn vielleicht eine Art Geschenk, das er «schlucken» oder «sich einverleiben» kann – wobei allerdings die Gefahr besteht, daß er es nur halb «verdaut». Eine Interpretation kann für den Realitätssinn des Klienten eine befriedigende Bestätigung sein – wenn er sie akzeptiert und sich durch sie im Einklang mit sich selbst sieht. Sie kann auch ein anderes Realitätsbewußtsein und ein neues Gefühl für Möglichkeiten bedeuten.

Wenn du deinen Klienten nicht mit unverdaulichen Informationen vollstopfen, sondern ihm wirklich helfen willst, solltest du ihm bei der konstruktiven Umsetzung beistehen und aufmerksam beobachten, was er mit deiner Interpretation anfängt. Betrachtet er diese vielleicht als eine Art Verurteilung? Benutzt er sie, um sich zu rechtfertigen und so bleiben zu können, wie er ist, ohne notwendige Veränderungen vorzunehmen? Oder erlaubt ihm deine Interpretation, sich einer tieferen Einsicht zu öffnen, die ihm zu erfolgreicherem Handeln verhilft?

Positive und negative Seiten der Interpretation

Vor der Besprechung der positiven Seiten wollen wir auf die Nachteile eingehen, die aus einer Überbetonung oder einer falschen Auffassung der Interpretation resultieren. Zum ersten beziehen sich manche Astrologen weniger auf den Klienten als auf das Horoskop, ohne Rücksicht darauf, ob der Klient mit der Interpretation etwas anfangen kann. Zum zweiten werden Interpretationen manchmal dazu benutzt, um die Macht und Überlegenheit des Astrologen zu beweisen, um dessen eigenes Ego zu stärken oder um dessen Negativität zu tarnen. Zum dritten können Interpretationen eine Distanz schaffen, die emotionalen Kontakt und Anteilnahme und damit reale Einsicht und Wirkung verhindert. Zum vierten kann eine Interpretation dazu benutzt werden, sich in unbestimmte intellektuelle Spekulationen zu verlieren – statt das, was gerade anliegt, mutig und mit emotionalem Engagement anzupacken. Interpretationen können für den Klienten ein Mittel zur

Vermeidung von Verantwortung und konstruktiven Handlungsmustern sein.

Es gibt noch andere Schattenseiten. Zum Beispiel die, daß wir, gestützt auf die vermeintliche Autorität des Horoskops, zu schnell Schlüsse ziehen und interpretieren und unsere Interpretationen als endgültige Wahrheit darstellen. Damit überwältigen wir den Klienten und werten ihn ab – weil es ihm unmöglich ist, sich an diesen Definitionen seines Wesens zu beteiligen. Wenn wir nichts als unsere Interpretation sehen, unterliegen wir vielleicht einer der beiden folgenden Illusionen: 1. daß Wachstum und Veränderung nur aus intellektuellem Verständnis entstehen kann, und 2., daß unsere persönliche Art der Informationsvermittlung automatisch zu Wachstum und Veränderung führen müßte.

Wir müssen hier mit psychologischen Theorien überprüfen, ob zwischen Verstehen, der emotionalen Aufnahmefähigkeit und der inneren Bereitschaft, eine Erkenntnis wirklich umzusetzen, eine Verbindung vorhanden ist. Außerdem muß in Betracht gezogen werden, daß eine selbstgewonnene Einsicht sehr viel stärker als die intellektuelle Interpretation einer anderen Person wirkt. Die Interpretation von jemand anderem kann der Auslöser für eine innere Erkenntnis sein – es wird jedoch erst dann zu einer Wirkung kommen, wenn diese zum rechten Zeitpunkt geschieht. Klienten mögen sich auch einer Interpretation – beziehungsweise den Interpretationen überhaupt, wenn sie eher ängstlich eingestellt sind – widersetzen, wenn wichtige emotionale Bedürfnisse unberücksichtigt bleiben, wenn die emotionale Krise besonders tief ist oder ein zentrales Lebensproblem wieder Aufmerksamkeit verlangt. In diesen Fällen müssen wir darauf achten, nicht zu viele Informationen zu geben, die Worte sorgfältig zu wählen und uns zu vergewissern, ob der Klient das Gehörte aufnehmen und verwenden kann.

Eine Interpretation ist dann wertvoll, wenn sie mit Akzeptanz und Feingefühl für den psychischen Zustand des Klienten vermittelt wird. Eine wertvolle Interpretation kann helfen, vage Gefühle und Verhaltensmuster zu klären und in Begriffe zu fassen, mit dem Ziel, sie mit der Zeit beherrschen zu lernen. Indem der Mensch den Bereich des Ichs über das Es oder Unbewußte hinaus ausdehnt, gewinnt er Bewußtsein über sich selbst. Er kann dann – wenn er dies will – sein Handeln selbst steuern. Interpretationen

168

können dem Klienten erkennen helfen, welche seiner Denk- und Verhaltensmuster überholt oder nicht angemessen sind und losgelassen werden sollten. Sie können auch dazu dienen, das Selbstgefühl und Realitätsempfinden neu zu bestimmen (was größere Stabilität und Leistungsfähigkeit zur Folge haben kann) oder andere Perspektiven, Einstellungen und Alternativen wahrzunehmen. Damit verbunden ist ein größerer Spielraum an Verhaltensweisen, was wieder neue Entwicklungen möglich werden läßt.

Es bleibt also festzuhalten: Vieles hängt davon ab, ob die Interpretation positiv oder negativ formuliert wird. Es ist ein großer Unterschied, ob die unumstößlich anmutende Wahrheit vermittelt wird: So und nicht anders bist du (als ob unser Wesen aufgrund von Prägungen der Vergangenheit und astrologischen Einflüssen ein für allemal festgelegt wäre), oder ob eine Interpretation die Erkenntnis vermittelt: Das bist du gewesen... Und so könntest du einmal sein...

Das Was, Wann und Wie der Interpretation

Was ist es, das wir als Astrologen interpretieren sollten?

Zum ersten die bedeutsamsten Faktoren und Themen des Horoskops – die grundlegenden Bedürfnisse, Motivationen, Schwächen, Konflikte, Stärken und Potentiale. Zum zweiten das, was für den Klienten zu dieser Zeit emotional am wichtigsten und nützlichsten ist. (Es ist auch darauf zu achten, *wieviel* interpretiert wird – um den Klienten nicht zu überwältigen.) Außerdem sollten wir uns fragen, ob unsere Interpretation wirklich stimmt. Wenn wir viele vage oder zweifelhafte Aussagen treffen, wird der Klient alles, was wir gesagt haben, infragestellen – auch das, was eine Resonanz in ihm ausgelöst hat.

Wann ist der richtige Zeitpunkt für die Interpretation?

Die Horoskop-Interpretation ist ein überaus wichtiger Teil der astrologischen Arbeit. Leider ist es uns im allgemeinen aber nicht möglich, auf die emotionale Offenheit des Klienten so sensibel einzugehen wie psychologische Berater oder Therapeuten. Weiterhin müssen wir uns damit abfinden, daß einige unserer Interpretationen augenscheinlich nicht ankommen – möglicherweise werden sie aber später, wenn das Band noch einmal abgehört wird, angenommen (und vielleicht auf eine noch tiefere Art und Weise). Vielleicht beginnt die Saat, die wir gesetzt haben, erst nach Monaten oder Jahren zu keimen, gewässert von Erfahrungen, die sich erst nach der Beratung ereignet haben.

Folgende Punkte können als Richtlinien für einen günstigen Zeitpunkt für die Interpretation gelten:
1. Wenn der Klient entspannt und aufgeschlossen ist und sich eine Vertrauensbasis entwickelt hat;
2. wenn der Klient mitgeteilt hat, was seine Gefühle und Interessen sind und sich damit der Druck gelöst hat;
3. wenn es in einem bestimmten Bereich bereits zu Teilergebnissen gekommen ist und der Klient hier sein Wissen vertiefen möchte.

Wie sollen wir unsere Interpretation dem Klienten übermitteln?
1. Wir müssen durch unsere Haltung, unsere Gesten, unseren Gesichtsausdruck und unsere Stimme eine emotionale Kommunikation herstellen. 2. Wir können unserem Klienten am meisten nutzen, wenn wir unsere Interpretation als Vorschlag und nicht als Verdikt präsentieren. Auf diese Weise erhält er die Freiheit, unsere Deutung abzulehnen oder anzunehmen und weiter zu benutzen. Voraussetzung ist hier natürlich, daß wir bereit sind, auf unseren Nimbus als Autorität verzichten, welcher uns und unseren Klienten ein beruhigendes, aber doch falsches Sicherheitsgefühl vermittelt. Auf lange Sicht bringt es mehr, den Klienten in die Erforschung seines Wesens einzubeziehen. Hierbei sollten wir Fragen und Bemerkungen formulieren, die einer Erklärung bedürfen, wie zum Beispiel: »Stellst du manchmal fest, daß du dich auf diese oder jene Art verhältst? Trifft das zu?« oder: »Diese Planeten-Konstellation deutet darauf hin, daß du hier dieses bestimmte Verhalten zeigst. Ich wüßte gerne, wie du diese Neigung empfindest.« Manchmal gibt eine allgemein gehaltene Interpretation mit der Aufforderung an den Klienten, sich dazu zu äußern, dir und ihm die Gelegenheit, spezifische Muster zu erkennen. Dies kann zu nützlichen Einsichten und Handlungsweisen führen.

Aufgrund der Vielzahl der Bedeutungen der astrologischen Faktoren und aufgrund der unterschiedlichen Ebenen, auf denen die Einflüsse erfahren werden, stehen uns bei der Beschreibung einer bestimmten Planetenstellung, eines Aspektes oder einer Konfiguration verschiedene Möglichkeiten zur Verfügung. Zum Beispiel kann ein T-Quadrat zu Neptun in der Waage im 9. Haus auf den inneren Drang nach dem Höheren verweisen – wobei die Frage ist, auf welche Art dieser Mensch die Transzendenz zu erreichen sucht. Durch Drogen, Meditation, Reisen oder spirituelle Erfahrungen? Wir könnten diesem Menschen sagen: »Du erlebst wahrscheinlich eine tiefe innere Sehnsucht und den Wunsch, über dein Ich hinauszugelangen beziehungsweise den Drang, auf irgendeine Weise *abzuheben*. Das könnte dich dazu verleiten, Drogen zu nehmen oder dich in Fantasien zu verlieren, aber es kann auch eine Neigung zu Meditation bedeuten. Du könntest dich mit spirituellen Fragen beschäftigen, Musik studieren oder unterrichten, Literatur lehren oder an inspirierende Orte reisen. Vielleicht fühlst du dich besonders zu solchen Stellen hingezogen, die etwas Idyllisches oder Spirituelles haben, die am Wasser liegen oder eine natürliche Schönheit besitzen. Fühlst du dich von einer dieser Möglichkeiten besonders angesprochen?« Später, wenn der Klient einiges von dem, was du gesagt hast, bestätigt hat, kannst du ihn fragen, ob vielleicht noch weitere Dinge für ihn in Frage kommen.

Wie erkennen wir, daß eine Interpretation in unserem Klienten einen Widerhall findet und richtig aufgenommen wird?

Zum einen können seine Gesten und sein Gesichtsausdruck darauf hinweisen, ob wir ihn erreicht haben und er betroffen ist. Zum anderen kann er verbal reagieren – zum Beispiel dadurch, daß er einen Gedanken aufgreift und assoziativ weiterverfolgt. Wenn er keine Reaktion zeigt, ist unsere Interpretation möglicherweise zu ungenau oder die Formulierung beziehungsweise Übersetzung der Planetenstellungen nicht wirkungsvoll. Andererseits ist es denkbar, daß unsere Interpretation zwar richtig ist, sie den Klienten aber emotional nicht erreicht. Vielleicht ist sie in diesem Fall zu oberflächlich oder bietet nichts Neues oder etwas, das noch zu früh kommt.

Wenn ein Klient der Interpretation nicht zustimmt oder Widerstand leistet, sind verschiedene Erklärungen möglich. Vielleicht haben wir einen wunden Punkt berührt, mit dem sich der Klient noch nicht auseinandersetzen mag. In diesem Fall sollten wir das Thema fallenlassen – auch deshalb, weil wir keine Therapeuten sind und weitere Sondierungen in diesem Augenblick wahrscheinlich wenig bringen würden. Es besteht die Chance, daß sich ein Meinungswandel ergibt – möglicherweise dann, wenn der Klient sich die Cassette noch einmal anhört. Vielleicht liegt der Fehler aber auch bei uns – zum Beispiel dann, wenn wir die astrologischen Symbole ungenau interpretiert haben oder von einer falschen Bewußtseinsstufe oder Handlungsebene ausgegangen sind.

Wenn wir auf entschiedene Ablehnung stoßen, muß das nicht heißen, daß unsere Interpretation falsch ist. Manchmal leisten Menschen einer Interpretation deshalb so starken Widerstand, weil wir einen Aspekt ihres Wesens ins Visier genommen haben, den sie sehr schätzen. Ärger oder Verletztheit sind häufige Reaktionen auf vermeintlich falsche Einschätzungen.

Der Ratschlag in der astrologischen Beratung

Das Thema Ratschlag ist für uns Astrologen aus dem Grunde besonders wichtig, weil wir unseren Klienten helfen wollen. Viele Menschen sehen das Erteilen von Ratschlägen als eine grundlegende Methode des Helfens an. Dabei gibt es – wie bei der Horoskop-Interpretation – sowohl negative als auch positive Auswirkungen.

Ein Ratschlag kann mit einer überlegenen Haltung gegeben werden, die suggeriert, daß wir genau wüßten, wie der Mensch zu handeln hätte. Der Mensch kennt sich jedoch selbst am besten; er weiß – besser als wir es jemals wissen werden –, was gut für ihn ist. Es besteht auch die Gefahr, daß unser Rat auf zu großen Vereinfachungen basiert oder Dinge aufgreift, die der Klient mehrfach gehört oder vielleicht als Einmischung oder Belästigung erlebt hat. Einige Menschen (insbesondere diejenigen, die sich pausenlos Ermahnungen seitens der Eltern ausgesetzt sahen, oder auch diejenigen, die einen markanten oder angegriffenen Uranus im Horoskop haben) zeigen sofort Widerstand, wenn ihnen ein Rat gegeben wird. Dabei ist es gleichgültig, wie gut dieser ist oder in welcher wohlmeinenden Absicht dieser abgegeben wurde – er wird als eine unerwünschte Störung empfunden.

In anderen Fällen, bei passiven Klienten, kommt es zu der »Ja-aber«-Reaktion. Bei dem Klienten wiederum, der nur allzu bereit ist, dir die Verantwortung für seine Probleme zu überlassen, kann ein Rat eine Abhängigkeitssituation hervorrufen, mit der Vermeidung von Eigeninitiative. Dieser Mensch mag sich davor drücken, eigene Ideen zu entwickeln, und vielleicht sucht er nach einem Vorwand, um dir die Schuld zuzuschieben, wenn dein Rat ihm nichts bringt. Wenn du einen Rat gibst, mußt du dir sicher sein, daß dein Klient über das verfügt, was Voraussetzung des Ratschlags ist: Zeit oder Energie, Geld oder andere Hilfsmittel. Ist dies nicht gegeben, kann dein Rat Gefühle von Unfähigkeit, Frustration oder Hoffnungslosigkeit hervorrufen. Wenn ein Klient um Rat fragt, ist es für ihn oft wichtiger zu erfahren, wie er ein Problem lösen könnte, statt zu entscheiden, was er tatsächlich machen soll. Das *Was* ist beträchtlich einfacher zu bestimmen als das *Wie*.

Wann kann dein Rat wirklich hilfreich sein? Wahrscheinlich dann, wenn dein Klient das Gefühl hat, daß du auf seiner Seite bist und gemeinsam mit ihm nach neuen Möglichkeiten forschst. Dabei mußt du sowohl das im Blick haben, was ihm in diesem Augenblick an Möglichkeiten und Fähigkeiten zur Verfügung steht, als auch das, was er bereits selbst schon versucht hat. Ein Rat kann nützlich sein, wenn du dir sicher bist, daß dein Klient offen für diesen und fähig und willens ist, ihn anzuwenden. Wenn du die Frage nach Alternativen gestellt hast und er nicht allzuviele sieht, können Anregungen von deiner Seite lohnend sein. Das trifft besonders dann zu, wenn die zur Realisierung erforderlichen Ressourcen vorhanden sind. Interessant ist auch, daß oftmals der indirekt gegebene Rat besonders gut angenommen und genutzt wird. Anstatt zu sagen: »Du solltest dieses oder jenes tun!«, könntest du eine kleine Geschichte erzählen, wie du oder jemand anderes von einer bestimmten Handlungsweise profitiert hat. Solche Erzählungen inspirieren und motivieren für gewöhnlich viel mehr als ein direkter Rat.

Redewendungen für das Beratungsgespräch

Wenn du nicht als Berater ausgebildet worden bist, weißt du möglicherweise nicht, wie man Fragen stellt oder Äußerungen anbringt, die auf Einsicht, Entwicklung und Veränderungen abzielen. Aber auch in dem Fall, daß du eine Ausbildung hast, kann es sein, daß dein Repertoire beschränkt ist. Du brauchst keine jahrelange Übung oder Praxis, dir ein derartiges Repertoire anzueignen! Manchmal reicht es, wenn du neugierig bist und die Bereitschaft aufbringst, dich in die psychische Realität deines Klienten zu versetzen. Unbedingt notwendig ist die Voraussetzung, daß du den festen Willen hast, ihm bei der Entdeckung und Aktualisierung neuer Seinsweisen zu helfen.

Ich habe es sinnvoll gefunden, eine Liste von Äußerungen und Fragen zusammenzustellen, die sowohl in der psychotherapeutischen als auch in der astrologischen Beratung von Nutzen sein können. Ich benutze diese Redewendungen, wann immer es angezeigt ist. Die meisten der auf den folgenden Seiten vermerkten Sätze können bei astrologischen Sitzungen auf konstruktive Weise angewendet werden. Viele sind gut geeignet, den Klienten zur Verantworung für sich selbst zu ermutigen. Die Benutzung einer solchen Liste kann für den Astrologen am Beginn seiner Tätigkeit eine wahre Fundgrube sein, um seine Fähigkeiten als Berater zu verbessern.

Fragen, auf denen du aufbauen kannst:

Was ergibt sich daraus für dich?
Wie ist das für dich?
Wie erlebst du das?
Möchtest du mir mitteilen, was bei dir abläuft?
Was bedeutet das für dich?
Wie spiegelt sich das in deinem Leben wider?
In welcher Beziehung steht das zu deinem Leben?
Findest du dafür Beispiele in deinem Leben?
Was nimmst du in dir wahr, während ich mit dir spreche?
Sag mir, was das für dich bedeutet!

Inwieweit trifft das für dich zu?
Gibt es irgend etwas, was du mir dazu sagen möchtest?

Um in die Tiefe zu gehen:

Erzähl mir mehr davon!
Bleib bei dem, was du erlebt hast!
Bleib bei deinen Gefühlen!
Stimme dich für einen Augenblick auf dein Inneres ein!
Wie fühlt sich das an?
Laß diese Erfahrung zu und beobachte, was weiter geschieht!
Atme tiefer und versuche, den Kontakt mit deinem Inneren zu intensivieren!
Laß dich darauf ein und beobachte, was weiter geschieht!

Was wäre, wenn ...?

Was wäre, wenn ...?
Was würde dann geschehen?
Kannst du dir vorstellen, ... zu tun?
Wenn du das tun würdest, welche Erfahrung wäre damit verbunden?
Hast du eine Ahnung, wie sich dein Leben verändern würde, wenn du ... tust?
Siehst du noch andere Vorteile, wenn du das machen würdest?
Welche Alternativen siehst du?
Welche Alternativen hast du ausprobiert?
Wie würdest du diese Energie am liebsten zum Ausdruck bringen?
Wo möchtest du in bezug auf dieses Thema in zehn Jahren stehen?
Wenn es diese Hindernisse nicht geben würde: Was wären deine Ziele?

Aktiv werden:

Wie könntest du mehr ... in dein Leben bringen?
Wie müßtest du dabei vorgehen?
Was würde dir helfen?

Hast du eine Ahnung, was du daraus machen willst?
Wie kannst du diese Erkenntnis nutzen?
Wie willst du dich in dieser Angelegenheit verhalten?
Was müßtest du tun, um dieses Ziel zu erreichen?
Was für einen Aktionsplan würdest du aufstellen?
Wie würdest du vorgehen, um das in Angriff zu nehmen?

Hindernisse erkennen und überwinden:

Was blockiert dich?
Was könnte dich aufhalten?
Welche Vorteile siehst du, wenn du nicht vorankommst?
Welche Hindernisse könnten sich dir in den Weg stellen?
Stehst du dir vielleicht selbst im Weg? Inwiefern?
Wie kannst du dich auf diese Probleme vorbereiten?
Wenn du die Antwort wüßtest, wie würde sie lauten?
Was in dir könnte deine Ziele stören?
Wie könntest du verhindern, daß das geschieht?
Was könnte dich von der Durchführung abhalten?
Welche anderen Teile deines Wesens könnten sich in den Weg stellen und eine Veränderung blockieren?
Wie kannst du es verhindern, daß irgend etwas aus deinem Inneren deine Aktionen sabotiert?
Wie könntest du diese Hindernisse überwinden?
Welche Unterstützung brauchst du, um bei deinem Entschluß zu bleiben?

Veränderung von Wahrnehmungsstrukturen:

Welche andere Haltung könntest du dieser Erfahrung gegenüber einnehmen?
Was ist das Positive an diesem Erlebnis?
Was übersiehst du dabei?
Welcher Sache willst du nicht ins Gesicht sehen?
Erkennst du irgendwelche Annahmen, die dich beeinflussen?
Wie hast du diese Situation vor fünf Jahren gesehen?

176

Welchen Vorteil hat es für dich, wenn du bei diesem Gesichtspunkt bleibst?

Kannst du dir vorstellen, diese Situation auf eine andere Art und Weise zu betrachten?

Stell dir vor, du sitzt dort drüben, im anderen Teil des Zimmers, und schaust auf den Platz, auf dem du gerade gesessen hast. Was kannst du als Beobachter zu der Einstellung und dem Handeln der Person sagen, die vorher hier saß?

Kannst du diese Situation auf eine andere Weise beschreiben? Wie könntest du sie anders formulieren?

Die Anerkennung der Gegensätze – der Weg zur Integration:

Was wäre, wenn du beide Seiten deines Wesens in dieser Erfahrung zulassen würdest?

Wenn Teil X eine Stimme hätte, was würde er sagen? Wie würde er sich über Teil Y äußern?

Welche Gefühle sind damit verbunden, wenn du dir beider Teile zugleich bewußt bist?

Was könnte Teil X zu Teil Y sagen, und umgekehrt?

Lasse diese beiden Teilen deines Wesens für einige Minuten einen Dialog führen!

Kannst du als Teil Y sprechen, während ich die Rolle von Teil X übernehme?

Versuche für einen Moment, beide Teile deines Wesens zusammenzubringen. Welche Probleme würde das bedeuten? Versuche zu erkennen, wie du beide miteinander versöhnen kannst.

Welche Möglichkeiten gibt es, Teil X und Teil Y zufriedenzustellen?

Hilfe zur Selbstbestimmung:

Was soll deinem Gefühl nach dann geschehen?

Welche dieser Möglichkeiten möchtest du ausprobieren?

Was solltest du deinem Gefühl nach jetzt tun?

Worauf sollen wir für den Rest der Sitzung unsere Aufmerksamkeit richten?

Möchtest du dieses Thema ausführlicher ergründen oder lieber noch ein anderes Thema behandeln?
Was sollte deinem Empfinden nach geschehen, bevor wir Schluß machen?
Warum schilderst du nicht die wichtigsten Erkenntnisse, die du bis jetzt gewonnen hast? Dann sehen wir, ob wir vielleicht noch auf etwas intensiver eingehen sollten, bevor wir weitermachen.
Wie möchtest du die restliche Zeit nutzen?

Redewendungen zur Strukturierung:

Das klingt, als ob du ...
Ich gewinne den Eindruck, daß ...
Du scheinst das Gefühl zu haben, daß du ...
Du sagst, daß ...
Ich kann mir vorstellen, daß du ... erlebst.
Soll das heißen, daß ...?
Du hast die Erfahrung gemacht, daß ...
Du überlegst also, ob ...
Du hast das Gefühl, daß ...

Redewendungen zur Bestärkung:

Das klingt großartig.
Das ist gut.
Wunderbar!
Weiter so!
Das klingt, als wärst du mit diesem Teil deines Wesens wirklich in Kontakt.
Das hört sich an, als wärst du auf der richtigen Spur.
Du scheinst auf dem Weg zu sein, den dein Horoskop anzeigt.
Allmählich kommst du mit dieser Sache wirklich gut zurecht.
Du hast offensichtlich diese Angelegenheit gut im Griff.
Ich habe den Eindruck, daß du dieses Problem überwunden hast.

Passivität oder das Unvermögen, für sich Verantwortung zu übernehmen:

Es scheint so, als wärst du nicht bereit, für diese Veränderung die Verantwortung zu übernehmen. Ich wüßte gerne, was dich vom Handeln abhält.

Das hört sich so an, als würdest du von anderen erwarten, daß sie deinen Vorstellungen und Wünschen nachkommen – ohne daß du selbst etwas dafür tun müßtest.

Wenn du dich nicht für deine Wünsche einsetzt, wie sollen sie dann Wirklichkeit werden?

Was bringt dir deine Passivität? Stellst du dir vor, daß alles auf dich zukommt?

Was könntest du gewinnen, wenn du bereit wärst, mehr Motivation zu zeigen?

Drückst du manchmal deinen Ärger gegen andere aus, indem du dich weigerst zu handeln?

Auf mich wirkt es so, als ob du dich in einem Sitzstreik befindest. Du bringst deinen Ärger über all die Ungerechtigkeit dadurch zum Ausdruck, daß du dich weigerst, etwas zu tun.

Solange du damit fortfährst, ihm für alles die Schuld zu geben, wird deine Wut an ihn gebunden sein. Du mußt lernen, sie für dich nutzbar zu machen, indem du sie für eine Veränderung deiner selbst einsetzt.

Was könnte dir dabei helfen, dich handlungsfähiger zu zeigen?

Wenn du die positive Bedeutung dieses Planeten wirken läßt, wirst du diese negative Auswirkung wahrscheinlich vermeiden können. Was hält dich davon ab, dies zu tun?

Was nutzt es dir deiner Meinung nach, wenn du passiv bleibst?

Du bringst die unterschiedlichsten Entschuldigungen vor, und ich frage mich, ob du dich überhaupt verändern willst.

Ich gewinne den Eindruck, daß du erwartest, jemand würde kommen und dich retten. Du scheinst selbst wenig Verantwortung dafür übernehmen zu wollen, wie dein Leben abläuft. Was denkst du dazu?

DEIN VERHALTEN
IN DER ASTROLOGISCHEN BERATUNG

1. Was ist bei der astrologischen Beratung dein Hauptproblem oder dein größtes Defizit?

   ....

   ....

   ....

2. Wie stellt sich dieses Problem dar?

   ....

   ....

   ....

3. Welche Auswirkungen hat dieses Problem – auf dich und auf andere?

   ....

   ....

   ....

4. Wodurch wirst du immer wieder mit diesem Problem konfrontiert?

   ....

   ....

   ....

5. Was möchtest du hinsichtlich dieses Problems erreichen? Was ist dein Ziel?

....

....

....

6. Welche Einstellung oder Verhaltensweise müßtest du
ändern oder ablegen, um dieses Problem zu lösen?

....

....

....

7. Warum möchtest du dieses Problem lösen? Was würdest du dadurch gewinnen?

....

....

....

8. Was hast du davon, wenn es ungelöst bleibt?

....

....

....

9. Was brauchst du, um dein Ziel zu erreichen?

....

....

....

....

10. Welche Hindernisse dürften sich ergeben und welche Opfer müßtest du bringen, um dein Ziel zu erreichen?

....

....

....

....

11. Wie stark ist deine Motivation, das Ziel zu erreichen? Welche Bedeutung hat es im Verhältnis zu deinen anderen Zielen?

....

....

....

12. Was ist der erste kleine Schritt, den du nächste Woche unternehmen könntest? Was könntest du heute tun, um dem Ziel näherzukommen?

....

....

NACHWORT

Du trägst in dir
eine Vision des Ganzen:
die innere Synthese.
Du hast alles,
wonach du suchst.
Sei es durch Planeten,
Häuserspitzen
oder eingeschlossen in den Häusern:
Alle Zeichen sind da.
Du bist alle Zeichen.
Du mußt sie nur sehen.
Und zu dem werden,
die du schon bist.
Du bist der eine und die vielen,
du bist der Teil und das Ganze.
Alles zusammen und strukturiert,
analysiert und in Synthese,
getrennt und vereinigt.
Du bist Waage, Zwillinge, Löwe,
Jungfrau, Krebs, Skorpion.
Du bist Stier, Steinbock, Wassermann,
Widder, Fische, Schütze.
Du weißt das jetzt.
Du hast es gehört.
Also wach auf und geh.
Laß deine Rolle fallen,
folge deiner Seele.
Verbreite das Wort.
Wir alle sind ganz.

SYNTHESE-ARBEITSBOGEN

Im Verlaufe der ersten sechs Kapitel des Buches *Die Kunst der Horoskop-Synthese* wird die Arbeit mit diesem Arbeitsbogen ausführlich erläutert.

Wenn für eine Antwort das Kriterium *besonders wichtig* erfüllt ist, mußt du diese gesondert hervorheben – vielleicht, indem du sie mit einem Markierstift anstreichst oder eine Extra-Liste anlegst. Fotokopien – auch von den anderen Arbeitsbögen des Buches – sind erlaubt.

A. Das Horoskop in seiner Gesamtheit (Seite 25 - 65)

1. Das dominierende Element
Wie viele Punkte? ....

Wenn mehr als 5 von den möglichen 14, ist das *besonders wichtig*.

2. Das schwächste Element
Wie viele Punkte? ....

Besonders wichtig, wenn es nur 1 Punkt oder weniger ist.

3. Die dominierende Qualität
Wie viele Punkte? ....

Besonders wichtig, wenn mehr als 6.

4. Die schwächste Qualität
Wie viele Punkte? ....

Besonders wichtig, wenn weniger als 2.

5. Planeten-Konfiguration ....

Wenn ein Muster hervortritt, ist das *besonders wichtig*.

6. Aspekt-Konfiguration ....

Wenn vorhanden, ist das *besonders wichtig*.

7. **Die Zeichen und die Beziehung von Sonne und Mond**
In welcher Phase (evtl.: Aspekt?)
stehen die beiden zueinander? ....
Wenn es sich um einen Hauptaspekt handelt, ist das *besonders wichtig.*

8. **Der Aszendent und das MC**
....
Das Aszendenten-Zeichen ist *besonders wichtig.*

9. **Rückläufige Planeten**
....
Besonders wichtig, falls es mehr als 3 oder keinen einzigen gibt.

B. Die Planeten (Seite 67 - 77)

1. **Die Sonne**
....
Es ist *besonders wichtig,* in welchem Zeichen und in welchem Haus sie steht.

2. **Der Mond**
....
Es ist *besonders wichtig,* in welchem Zeichen und in welchem Haus er steht.

3. **Der Herrscher der Sonne**
In welchem Zeichen und Haus steht
der Planet, der das Sonnenzeichen regiert? ....

4. **Der Herrscher des Aszendenten**
In welchem Zeichen und Haus steht der Planet,
der das Aszendentenzeichen beherrscht? ....

5. **Planeten im eigenen Zeichen**
....
Wenn vorhanden, ist das *besonders wichtig.*

6. Planeten im eigenen Haus

....

Wenn vorhanden, ist das *besonders wichtig.*

7. Planeten am Aszendenten

....

Es ist *besonders wichtig*, wenn ein Planet weniger als 2 Grad vor oder 6 Grad hinter dem Aszendenten steht.

8. Planeten am MC

....

Es ist *besonders wichtig*, wenn ein Planet weniger als 2 Grad vor oder 6 Grad hinter dem MC steht.

9. Planeten am IC

....

Ein Planet weniger als 1 Grad vor oder 2 Grad hinter dem IC ist *besonders wichtig.*

10. Planeten am Deszendenten

....

Ein Planet weniger als 1 Grad vor oder 2 Grad hinter dem Deszendenten ist *besonders wichtig.*

11. Stationäre Planeten

....

Wenn vorhanden, ist das *besonders wichtig.*

12. Endherrscher

Gibt es einen Planeten, der über
die Dominantenverkettung über
alle anderen Planeten herrscht? ....

13. Der Planet mit den meisten Aspekten

Um welchen Planeten handelt
es sich, und wieviele Aspekte
sind vorhanden? ....

14. Ein unaspektierter Planet

....

Wenn vorhanden, ist das *besonders wichtig.*

15. Planeten im Brennpunkt

....

Ein Planet, auf den ein T-Quadrat oder ein Yod gegründet ist oder der zwei Planeten-Konfigurationen miteinander verbindet, ist *besonders wichtig.*

C. Aspekte und andere Horoskop-Faktoren (Kapitel 3)

1. Welche Aspekt-Art herrscht vor?

....

2. Fehlt eine Aspekt-Art?

....

3. Konjunktionen
(Orbis: 3 Grad)

....

....

Orbis angeben. *Besonders wichtig,* wenn kleiner als 1,5 Grad.

4. Andere Hauptaspekte
(Orbis: 1,5 Grad)

....

....

....

Orbis angeben. *Besonders wichtig,* wenn kleiner als 1 Grad.

5. Wichtige Nebenaspekte
Notiere diejenigen,
die exakt sind.

....

....

....

Orbis angeben. *Besonders wichtig,* wenn kleiner als 1 Grad.

6. Der Parallelschein
Vermerke es, wenn Aspekte durch
gleiche Deklinationen verstärkt werden. ....

7. Planeten in Rezeption
....

....

Eine Planeten-Rezeption im Horoskop ist *besonders wichtig*.

8. Die Mondknoten
....

....

Besonders wichtig: In welchen Zeichen und Häusern stehen sie?
Gibt es Hauptaspekte zu ihnen (Orbis: 2 Grad)?

D. Vorstufen der Synthese (Seite 91 – 92)

1. Welcher Planet ist betont?
....

Es ist *besonders wichtig,* wenn ein Planet häufiger als viermal erwähnt ist.

2. Welches Zeichen ist betont?
....

Es ist *besonders wichtig,* wenn ein Zeichen häufiger als viermal erwähnt ist.

3. Welches Haus ist betont?
....

Es ist *besonders wichtig,* wenn ein Haus häufiger als viermal erwähnt ist.

4. Was ist der stärkste Aspekt?
....

Besonders wichtig, falls der Orbis weniger als 0,5 Grad beträgt.

E. Andere Horoskop-Faktoren (Seite 93 - 96)

F. Die auffälligsten Horoskop-Merkmale (Seite 97 - 102)

1.
2.
3.
4.
5.
6.
7.
8.

Zur Person: Tracy Marks gehört zu den bekanntesten Persönlichkeiten der modernen Astrologie. Sie lebt in den USA und arbeitet als Beraterin mit den Schwerpunkten, Astrologie, Therapie, Traumdeutung und Frauenselbsthilfe.

Astrologie der Selbst-Entdeckung
Eine Reise in das Zentrum des Horoskops

Erstmals erschien mit diesem Buch eine ausführliche Betrachtung des Mondes und der Mondknoten aus weiblicher Sicht, mit der Betonung der femininen Anteile in der individuellen Entwicklung eines jeden Menschen.

Die Position des Mondes in den Zeichen, eine ausführliche Deutung der Mondknoten sowie der Voll- und Neumonde in ihrer Beziehung zum Geburtshoroskop sind ein wichtiger Teil dieses Werkes.Weiter geht es um die äußeren Planeten sowie um deren Transite und die Möglichkeiten, aktiv mit diesen Kräften zu arbeiten, wobei therapeutische und spirituelle Elemente gleichermaßen mit in die Betrachtungen einfließen.

320 Seiten, broschiert, ISBN 3-926925-01-9

Schwierige Aspekte
Herausforderungen und Chancen

Tracy Marks beleuchtet in diesem Werk die Gegensätze, die in der Psyche des Menschen miteinander ringen, wenn schwierige Aspekte ihren Einfluß ausüben. Insbesondere geht es in diesem Buch um das T-Quadrat, das Quadrat und die Opposition. Tracy Marks bleibt jedoch nicht bei der Beschreibung des möglichen Dilemmas stehen, sondern bietet vielfältige Möglichkeiten an, wie das in den schwierigen Aspekten schlummernde kreative Potential geweckt und für die individuelle Entwicklung genutzt werden kann.

Dieses Buch ist ein unentbehrliches Hilfsmittel für Menschen, die mit Hilfe der Astrologie an ihrer individuellen Weiterentwicklung arbeiten möchten.

256 Seiten, broschiert, ISBN 3-926925-04-3

Dein verborgenes Selbst
Das Mysterium des 12. Hauses

In diesem Buch beschäftigt sich die Autorin mit dem Mysterium des 12. Hauses. Sie schreibt dazu: »Wenn du dich den Energien deines 12. Hauses stellst, dich mit ihnen verbindest und sie verwandelst, begegnest du vielleicht deinen dunkelsten, zerstörerischen oder verletzten Seiten. Aber genauso wahrscheinlich ist es, daß du verborgene Talente und Quellen der Erfüllung findest, die unter diesen Schatten deines Selbstes verborgen sind.«

Tracy Marks deutet in diesem Buch ausführlich die Planeten, Zeichen und Aspekte des 12. Hauses. Daneben gibt sie wichtige Informationen zu Integration und Selbst-Transformation durch Traumarbeit und Traumdeutung.

320 Seiten, broschiert, ISBN 3-926925-06-X

*Die Bücher von Tracy Marks sind erschienen
im Verlag Hier & Jetzt*

HOROSKOP~

Wir fertigen für Sie genaueste astrologische Berechnungen Ihres gewünschten Horo-skops. In excellenter, differenzierter, 5-farbiger Ausführung. Auf weißem Papier im Format DIN A4.

Geburtshoroskop *(einschl. Chiron)*farbige Zeichnung und farbiges Aspektarium.

Solar *(Jahreshoroskop)* Sekundengenaue Wiederkehr der Sonne zur Geburtsposition.

Lunar *(Monatshoroskop)* Sekundengenaue Wiederkehr des Mondes zur Geburtsposition.

Transite *(ein Jahr; mit Jupiter, Saturn, Uranus, Neptun, Pluto)*
Transitliste: Listenausdruck. Viele Informationen, Eintritt der Transit-Planeten in Radix-Häuser usw.

Partnerschaftshoroskop *(Vergleich zweier Horoskope)*
Direkter Partnervergleich: Zwei Horoskope werden «übereinandergelegt» (farbig).
Composit: Aus zwei Horoskopen wird ein Halbsummenhoroskop errechnet (farbig).

Sekundärprogressionen *(ein Tag nach der Geburt entspricht einem Lebensjahr)*
Progressionen im inneren Kreis, Geburtshoroskop im äußeren Kreis (farbig).

Sollten wir von Ihnen keinen Anweisung bezüglich eines Häusersystems erhalten, berechnen wir sowohl die »Koch-Häuser« wie auch die Placidus-Häuser und stellen beide in einer Zeichnung dar. Jedes andere Häusersy-stem (Campanus, gleiche Häuser etc.) möglich. Bei fehlenden Zusatzangaben bezüglich Monat oder Jahr gehen wir immer vom laufenden Monat und Jahr aus.

Je Horoskop oder Transit-Jahr stellen wir Ihnen DM 15,-- in Rechnung. Für Partnerschafts- und Progressionshoroskope berechnen wir je DM 20,--. Ver-sandpauschale 5,-- DM.

Folgende Angaben benötigen wir von Ihnen:

1. Ihre Adresse, **2.** Genaue Geburtszeit, **3.** Geburtsort und -land (bei kleineren Ort-schaften nächstgrößere Stadt), und **4.** Zusatzangaben. Bei Solaren: welches Kalender-jahr; hauptsächlicher Aufenthaltsort; bei Lunaren: welcher Monat; hauptsächlicher Auf-enthaltsort; bei Transiten: das gewünschte Jahr; bei Progressionen: für welches Jahr, wenn *nicht* ab aktuellem Datum. **5.** welches Häusersystem wenn *nicht* »Koch«,

6. Lieferung erfolgt nur bei Vorauszahlung der Rechnungssumme zuzüglich 5,-- DM Versandpauschale je Auftrag per V-Scheck oder Überweisung:
Hier & Jetzt GmbH: Hamburger Sparkasse, Konto 1042-214 195, BLZ 200 505 50.

Bestellungen adressieren Sie an: Hier & Jetzt, Erzbergerstr. 10, 22765 Hamburg. Sie können uns auch anrufen (040/395 784) oder faxen (040/39 00 733).